religion

宗教社会学概論

society

—宗教研究の方法と視点—

髙瀬 武三

Takase Takemi

風詠社

目　次

第1章　宗教社会学

宗教社会学は宗教の社会学的研究をいうのであるが、それが一般の社会学と異なる点はその対象の特殊性にある。すなわち宗教は人間の究極的な問題、いいかえれば、人間が生まれながらにしておかれている偶然性・無力さ・欠乏といった実存的状況の中で、人間はいかに超経験的なものとかかわりながら社会生活を営んでいるかを対象としているため、経験的側面にのみ視点を置く一般社会学に対しては、特殊な分野を占めるものである。宗教社会学は人間の限界点における行為としての宗教現象がもつ、社会に対する意義を理解するための道を開くものである。また宗教社会学は社会の各種の動態・制度の中に見られる理念と、人々のもつ世界観との間の関係を研究すると同時に、これら理念と世界観が発生する期限・成長・発展・衰退・変動などに関連する社会状況を研究する領域の中の一分野である。宗教社会学は社会学および宗教学に直接に交渉し、これらに対して従属的な関係にある。また宗教民俗学・宗教心理学・文化人類学・精神医学・民俗学・歴史学・考古学などとも深く関係し、経済学・法律学・政治学などの社会諸科学とはいずれも密接な関係をもっている。

宗教社会学で扱う資料は宗教史・社会史・神話・民族誌・伝承・古文書・考古学上の発掘物・現存宗教集団の活動記録・一般の社会現象の記録などである。宗教社会学者は、前述した諸科学を補助科学として、さまざまの資料を駆使し、その対象を客観的に取り扱う。

宗教社会学が独立科学として成立したのは19世紀末のことである。もちろん広義に解すれば社会学の成立と同時に宗教社会学的見解を見出すことができる。すなわちオーギュスト・コント（Auguste M.F.X.Comte, 1798〜1857）やH. スペンサー（Herbert Spenser, 1820〜1903）の学説は社会と宗教との関係に関する基本的な見解を与えている。しかし宗教社会学の事実上の開拓者は、フランスの実証主義的社会学派といわれるデュルケム（Émile Durkheim, 1858〜1917）とドイツの社会学者ウェーバー（Max Weber, 1864〜1920）の２人と見ることができる。デュルケムの『宗教生活の原初形態』（1912）で示したオーストラリアの原住民の間で見られるトーテムと社会組織に関する研究と、歴史学的・分析学的・類型学的研究をしたウェーバーの『プロテスタンティズムの倫理と資本主義の精神』（1904〜05）、『宗教社会学論集』（1920〜21）、「宗教的共同社会結合の類型」〈『経済と社会』（1922）所収〉は後の宗教社会学説の２大支柱となっている。また宗教社会学が独立した学問として体系づけられるようになったのはごく最近のことで、ドイツのワッハ（Joachim Wach, 1898〜1955）がウェーバーの類型学的研究を継承すると共にこれを修正・発展させた『宗教社会学序論』（1931）、メンシング（Gustou Mensching, 1901〜）の『宗教社会学』（1947）などにその一方の功績が見られる。また他方、フランスのバスティード（Rogar Bastide, 1898〜）は『宗教社会学綱要』（1935）を著わしてデュルケム学派の実証主義的研究を受け継ぎ、民族宗教や世界宗教を宗教民族学や文化人類学の資料を用いて、体系的・類型学的に整理した。これらはいずれも、宗教社会学の体系をめざす労作として重要である。また日本では小口偉一氏が『宗教社会学』（1955）という小冊を著わして、従来の宗教社会学における学説を総合しながら、これを体系づけようと試みている。今日の宗教社会学にみられる理論は、社会学者をはじめ、他の領域の学者たちがそれぞれ重要な貢献を積み重ねてきた結果つくられた、いわば多くの人々の共同作業の産物ともいえるものである。しかし、これまで宗教社会学の発展に貢献した研究の中で、最も重要なものの多くは「機能理論」と呼ばれるものであり、とくにアメリカにおいては、パースンズ（T.Parsons, 1902〜）やマートン（R.K.Merton, 1910〜）などによる理論化・体系化の貢献は重要で、現代社会学に大きな影響を与えている。とくにパースンズは、ラドクリフ・ブラウン、デュルケム、マリノフスキー、ウェーバー、フロイトなどの学説を修正・発展させて、社会体系の側から宗教を位置づける理論を展開した。またマートンは機能理論の中に潜在的機能・逆機能の概念を取り入れた。彼らは宗教を文化の下位体系とみて、社会体系が均衡をもち続けるためには、どんな機能が理論的に必要であるかを考え、そのうえで宗教はどの部分の機能を果たしているかを明らかにしようとした。これは構造機能理論といわれるもので、この立場にたつ一群の人々は、①宗教制度は社会組織全体の均衡を維持してゆくうえで、顕在的ないし潜在的に、どのような機能を果たしているか、②１つの体系的なまとまりを形成している文化に対して、宗教の果たす貢献はどのようなものか、③パーソナリティ（衝動・欲求・反応し行動し、評価する性向などが、全体として一応まとまった動きを示す１つの組織体）が均衡を維持しながら活動を続けてゆくという点からみて、宗教はどのような機能を果たしているか、の３つの視点にたって宗教と社会構造の間に、また宗教と社会過程の間に生ずる重要なそして微妙な諸関係に関する研究に貢献している。パースンズの学統をうけ、アメリカの宗教社会学の一翼を担っているオーディ（Thomas F. O'Dea, 1915〜）が、その著『宗教社会学』で述べているごとく、宗教社会学は人間の関心の１つの特別な分野に対する社会学の１つの適用として、また１つの学問的研究の領域として、まだ歴史は浅いが、前途に多くの成果を期待される可能性をもつものである。また宗教は人間の心の深い欲求・感動・願望にかかわるものであり同時に人間の実存的状況とかかわり合いをもつものであり、さらにこれら双方の面における宗教の意味と機能はまだ神秘に包まれているがゆえに、この領域におけるより深い調査と研究の見通しは、人間に関する研究をすすめてゆくうえに重要な課題を提供するものである。

第２章　宗教と社会

§1　はじめに

宗教に関するどのような説明も、社会的な立場からの説明を除外しては、完全なものとはいえない。なぜなら宗教は人々の間で共有された信条であり、また人々が共同して実践するものである以上、明らかに社会的なものである。また宗教は歴史を通して、われわれが知り得る、あらゆる社会に普遍的に見出されるものである。一定の秩序を整えている社会では、宗教はその社会の制度全体を形成するうえで、重要な構成部分となっている。しかし、宗教と他の人間活動、あるいは宗教制度と他の社会制度とを比較すると、それが漠然とした「非経験の世界」ないしは「聖なる世界」にかかわるものであるから、人間生活の実際の活動に対して、宗教はなにかそれほど重要でない、見失われ易い、末梢的な活動であるかのような印象を与えている。しかし実際には、宗教制度が日常生活の問題を超えた「超越的経験」にかかわるものであるがゆえに、かえって人間にとっては極めて重要な意味をもつ。人間はその行動に影響を及ぼす価値・理想・一定の行動上の指向性（文化）を共有しているが、また制度化された諸組織（社会体系）の中で、賞賛と制裁によって強制された役割期待により、実際の行動を一定のパターンにはめていくような状況の中で行動している。しかしそれにもかかわらず、行動し、考え、感ずるのは、あくまで個人である（パーソナリティ）。宗教行動は他の行動と同じく、文化・社会体系・パーソナリティに関係していて、そのどれか１つにのみかかわるものではない。

しかしそれらの組織の中でも、宗教はとくに文化と深い関係をもっているから、宗教と社会との関係は、文化の組織の内にある宗教が、社会体系の中でどのような位置を占め、どのような機能を果たしているかを問うことになる。したがって、ここでは社会の側から宗教を位置づけ、宗教の機能を考えてみることにしよう。

§2　2つの社会

人間社会はその組織の上からいって、2つの種類に分けて考えることができる。その1つは原始社会や古代社会にみられるごとく、同一の社会集団が表現要求と適応要求の双方に満足を与えている社会である。こういう社会では、宗教は広くみられる現象であり、あらゆる社会集団の生活の一面である。家族（血縁社会）・村落（地縁社会）・都市（友情社会）におけるあらゆる人間の集団組織は、いずれもその重要な特色として宗教的な生活を帯びている。これに対して、社会が発展してくると、適応要求を満たす組織が表現要求にはけ口を与える組織から切り離されていく傾向があり、社会内部は機能的に分化し、それに伴い社会は各種の階級や階層に分化する。宗教活動もまた個人中心から、次第に宗教的機能だけを果たす特別の組織が分化し、社会に対する機能が限定されるようになる。テンニエス（Ferdinand Tonnies, 1855～1936）はこの社会の類型の内、前者をゲマインシャフト（Gemeinschaft）、後者をゲゼルシャフト（Gesellschaft）と呼んだ。

宗教と社会との因果関係を考える場合、この2つの社会類型の上にあるとはいえ、それぞれの社会過程と宗教との間に生ずる諸関係をみるのが理解のちか道であろう。

§3　原始社会における宗教の機能

すなわち未開社会においては、宗教は人間生活のすべての場面に幅広く拡散し存在していた。宗教の名において人間の社会生活の広い面がおおわれていた。政治も思想も芸術も宗教的な営みの一部と見なされていた。フランスの社会学者、エミール・デュルケム（Emile Durkheim, 1858～1917）は、個人の行動は社会の特徴を決定するというホッブスやルソーの社会契約説に対して、社会の特徴は個人の行動を決定するという社会造型説を唱えた。彼は、①宗教とは何であるか、②宗教は人間社会にどのような役割を果たしているか、という２つの問題を掲げて未開社会の観察を行った。彼は宗教を考えるにあたって、あらゆる人間経験を「聖」と「俗」の領域に分けた。さらに「聖なる世界」の中には、近親ではあるが区別されるべき２つの部門として宗教と呪術があることを指摘した。彼によれば、宗教は聖なるものの体験に関する人々の特別な心の構えであり、それは儀式や実践を介して「俗なる世界」を区別していこうとするものである。社会は個人を超えた、より大きなものであり、個人を力づけ、また支持を与える。社会は人生を意味あるものとする理想や価値の源泉となるものであり、個人を社会的存在につくりあげていくものである。デュルケムはオーストラリアの原住民の間に行われているトーテム信仰の観察から、神への礼拝はすなわち社会への礼拝であり、神はすなわち社会であること、また教会は宗教の本質で、集団的信仰を欠いた宗教は考えられないことを主張している。この考えは、①宗教的儀式を介して集団がその存在を再確認していくこと。②宗教は社会の各種の規範を神聖化していくことを強調することによって集団の団結と統一とを強化するという宗教の１つの機能を巧みにとらえている。

ここでデュルケムの観察したのは、ゲマインシャフトとしての共同体であり、それは社会が充分に分化せず、階級的対立も少なく、実質的な人々によって形づくられている共同体であって、そういう社会においては宗教は単純に集団的感情の統一と強化に役立つ。

§4　発展した社会における宗教の制度化と世俗化

しかし、時代がたつにつれて、社会内部が機能的に分化し、それに伴い、階級分化がすすんだ社会においては、特別に宗教的機能だけを果たす組織があらわれてくる。このような社会にあっては、宗教は他の社会組織と複雑にからみあって、相互に影響しあい、1つの複雑な社会構造を示す。ところで、このような特別な宗教的機能を果たす組織は、まずある特定の創始者とその弟子たちの特別な宗教的体験から発展していくものである。すなわち、このような宗教的体験から宗教的共同体の1つの型があらわれ、それが次第に恒久的な、制度化された宗教組織へと発展してゆく。宗教が制度化されてゆく過程には、次の3つの側面がある。まず第1に、宗教制度は礼拝のための形式として、つまり祭式として、発展するものであり、それは同時に、いくつかの理念、あるいは定義の形で、つまり信仰内容を次第に整えてゆく形で発展するものである。さらにそれは共同体、あるいは組織体など、各種の形態をとりながら発展してゆく。

第1にあげた儀式の制度化は、言葉や身振りの画一化であるが、それは信徒の、もともと主観的な、そして自由な態度をお互いの間で分かちあい、客観化していくことを意味する。そして、このような相互の分かちあいと客観化は、制度化のすすんでいる新しい状態のもとで、はじめの宗教的体験をあらわす活動を存続させるために必要なことであった。人々は祭礼行為を通して、聖なる対象に対する関係を再確認し、この聖なる対象を介して、彼岸の世界への関係を確認する。祭礼は集団の団結を強化し、集団の掲げている価値を行動の中に再現し、集団内での各人の役割を行動を通して体験させる。また祭礼は宗教的体験を心の中に再び湧きおこさせることによって、その心を強め、安らぎを与える源泉に結びつけていく。

宗教の制度化の第２の側面は信仰あるいは知的な側面である。宗教的信仰および態度の知的表現の原始的な形は神話であるが、神話によって、人々はその環境と結ばれ、自らの祖先や子孫と結ばれ、また、すべての存在の基礎である彼岸の世界、すなわち流転するものの彼方にある永遠のものと結ばれていた。しかし、社会が機能的に分化し、礼拝ならびに霊魂の救済にかかわる実際的な諸問題に従事する、独立の職業的に訓練された僧侶、ないし司祭職の階層が宗教的組織の内部に分化してくると、宗教的な体験は、形而上学的な合理化と宗教的論理との発達をみるようになる。また、社会の機能的分化は特別に宗教的な機能だけを果たす組織の成立へとすすむ。そしてこの宗教組織は、一般の世俗社会と複雑に関係して、ついには既存の社会的秩序や権威に自らを適応させ、宗教集団自体の内部にも、世俗社会にみられる組織や階級の分化が行われるようになる。

第３にこの宗教の制度化がすすみ、特別に宗教的機能を果たす組織が発展する過程においては、内部的な問題や機能上の多くの問題が発生してくる。すなわち、①組織内が階級的に分化すると、教団は「世俗化」し、聖職者は「現生的な関心」に左右されるようになる。②聖なる体験の象徴としての儀式が人々の心に共鳴作用を引きおこさなくなり、形式的となる。③宗教組織が官僚制機構を伴うようになり、役職者は自分の利害をおびやかすような変化や改革には必死に抵抗し、極度に反動的・保守的傾向を示すようになる。④環境に適応させるために行う教義の開設が本来は超越的なものに対する呼びかけであったものまでも、日常的な平凡なものとしてしまう危険を含んでいる。⑤宗教と権力との結合により保守的・防御的なものとなる。このようないくつかのディレンマにもかかわらず、宗教は一般的に人間が心にもっている希求の中で最も崇高なものを体現したものであると言われている。

§5　宗教の社会的機能

すなわち宗教は人間の道徳性を守る砦と考えられ、個人を所属する集団の中で位置づけ、不確定な問題に直面した場合、その人の心の支えとなり、個人の心に平和を呼びさます源泉となると考えられている。また宗教は人々の心の慰めとなり、社会の目標に心を向けさせ、精神を高揚させ、さらに自己認識のための条件を与えていくものである。宗教はまた、社会の統制を支持し、その社会での既成の価値や目標を強調し、さらに個人のフラストレーションを克服する方法を与えていくことによって、その社会の統一と安定を強めていくものである。しかし、宗教はまた同時に、進歩を滞らせる頑固な障害物として、また狂信主義を呼び起こし、不寛容をひろめ、無知・迷信、あるいは反啓蒙的な態度を生み出すものとして非難されてきている。歴史が明らかにするところによれば、宗教は、日本の古代社会における仏教のごとく、また近世江戸幕府における儒教のごとく、社会秩序を維持していくうえでの、最も強力な防壁の役割を果たしてきた。しかしながら、一方では16世紀の法華一揆・一向一揆・ドイツ農民戦争にみられるように、宗教がその社会秩序を動揺させ、反逆的運動に影響をもたらすこともある。すなわち宗教の社会に対する貢献は、肯定的か、または否定的かである。つまり、一面ではその社会の存続を支持する働きをするであろうし、他面ではその社会の秩序を傷つけ動揺させるであろう。いずれにしても、とにかく宗教が人間の活動の中で１つの領域をあらわすものであり、またかなり重要性をもった社会組織を形成しているものであることは否定できない。

第3章　社会学的機能主義の系譜と宗教研究

§1　はじめに

社会学的機能主義の系譜については、わが国でも社会学の分野で、すでに多くの学説史的論究があるが[(1)]、宗教社会学の分野においては、古くは古野、小口氏の研究[(2)]がある。しかし両者によって紹介せられたのは、主としてデュルケム学派やウェーバー、ジンメル等の所論が中心となっていた。これに対して、近年アメリカ社会学の影響をうけて、柳川啓一氏が初めて、宗教社会学における社会学的機能分析を我が国に紹介したのが1960年から1961年にかけてであった[(3)]。柳川氏は「宗教社会学における機能主義理論」と題して機能主義理論の系譜をたどり、パースンズの構造機能分析を中心に宗教研究における理論のとりあつかいについて詳しく紹介している。

しかしここで再び社会学的機能主義の系譜をとりあげようとする理由は3つある。

その第1は、柳川氏の所論では、20世紀初頭の社会学的機能主義と、現代アメリカの社会学的機能主義分析の概念上の差異についてはっきり触れられていないために――もっともパースンズの先行理論として機能の概念が検討されてはいるが――これを補足する意味と、近年とくに文化人類学・社会人類学・社会心理学的方法による宗教研究がさかんになり、そのために機能分析の概念上の誤解が生じ易くなった。従って現代の社会学的機能主義における機能分析の概念についていまいちど明確に把握しておく必要があること。第２には宗教研究の分野における機能論者のアプローチを整理検討することによって、この方法による宗教研究の限界と有効性をたしかめること。更に第３には社会学的機能分析の最近の傾向とこれに対する批判について検討してみることにある。

§2　社会学的機能主義の系譜

社会学が固有の課題と対象をもち、経験的な事実にもとづいて経験的な心理を探究する特殊科学として独立したのは20世紀に入ってからのことであり、20世紀初頭から約20年間は19世紀後半の総合社会学にかわって、社会学が１つの専門科学として再出発した時代であった[4]。

そしてこの時代の創始的役割をはたしたのはゲオルク・ジンメルであるが、彼は形式社会学で知られているように、現実には存在しない社会の純粋形式だけを取扱った。

ジンメルには宗教研究に関しては『宗教の社会学』（1898年）や『宗教論』（1906年）などがあるが、それらはいずれも、社会学的というよりは哲学的傾向の強い所論であるが、しかし彼が日常の生活態度、あるいは人間関係のある要素の高められたり、きり離されたりしたものを、宗教のなかにみることができると指摘している点[5]に注目しなければならない。彼は非宗教的な現象のなかに、後に宗教的な現象となって現れるものの素因を求めたのであって、宗教現象の未分化の状態に観察の目を向けたのであった。

ジンメルは、宗教の２つの重要な側面を強調している。それはまず第１に宗教は社会の人間関係に関するものであるということである。第２には、宗教的な諸関係をつくりあげる場合、人間は自分たちと神または神々、超自然的な力、あるいは彼岸の世界についてのすべての概念化をするにあたって、その関係を人間の社会に存在している社会関係をモデルとして考える傾向があるということである。

そしてこれらの関係にはふつうの日常の社会関係に、すでにみられる態度と感情があらわされている。

この事実は、宗教が――いろいろの態度をそのなかにあらわしている宗教的儀式の実践と、一定の信条に概念化されている宗教上の理念のいずれをもふくめて――社会的環境によって影響されていることを示す１つの重要な状態を明らかにする。つまり人間は「聖なるもの」との関係をもつ場合、自分の社会内の生活で、第２の資質として身につけるようになった社会関係の類型を介して、それをつくりあげていくのである。そしてこの「聖なるもの」に対する尊敬の態度は、他の社会関係にみられる尊敬をあらわす態度を強めたものとなるのである(6)。

ジンメルはすでに1890年、『社会分化論』のなかで「諸部分の相互作用が私たちの社会と呼ぶもののなかに行われていることは、だれも否定しないであろう(7)」といって、明らかに機能主義的な立場を打ち出している。

これを前後としてアメリカのスモール(8)、その継承者ロフス(9)、ドイツのフォン・ヴィーゼ(10)などはいずれも、構造と機能の概念については、スペンサーの見解を受けついで、機能をもって活動を意味するものと解していた。しかし構造と機能の関連については、固定的な構造の概念よりは、流動的な機能の概念を重視し社会を考察するさいにも、構造的分析よりも、機能的分析を重視しているなど、当時支配的であった機能主義をもってその基盤としていたものである。

しかしこの20世紀初頭の機能的分析の概念は、現代のアメリカの社会学的機能主義とは全く別のものであり、その性格においてはむしろ正反対のものであることに留意しなければならない(11)。

もっとも現代の社会学的機能主義は、その名称の指示しているように、社会を考察する方法として特に機能的分析に重要な意義を認めている点では、20世紀初頭の機能主義的社会学理論と類似しているために、一見両者に発展、継承的関係があるような印象を受けるが、両者はまったく別のものとして理解すべきである。

現代の社会学的機能主義は、機能的分析を重要視している点では、20世紀初頭のそれと同一の傾向を示しているが、機能的分析の前提となる機能の概念が全く異なっている。

すなわち現代の社会学的機能主義は機能の概念を活動そのものではなく、その社会または社会体系に対する関連的な結果の意味と解している。

この機能的分析の考えは、今日、社会学的機能主義を支持する学者の間で一般的に指示されているが、実はこの機能の概念は、すでに19世紀末、デュルケムによってはじめて示唆されたものである。

デュルケムは宗教の社会学的研究に関してきわめて重要な著述[12]をなしている。

彼は宗教とは何であるかという問題をとりあげ、それが人間社会ではたす役割はどのようなものであるかに関心をもった。

デュルケムの独特の方法論は、彼の関心を社会的なものへとむけた点である。そして宗教こそは、まさにこの「社会的なもの」がきわだってはっきりとあらわれるものと考えたのであった。彼はすべての人間の経験を2つのまったく異質の領域に分けて考え、宗教をその一方の特別領域にかかわるものと考えた。

デュルケムが「聖なる世界」と「俗なる世界」と呼んだのがそれである。彼が「俗なる世界」と称したのは、日常生活のなかの体験であり、そのなかでは仕事、ならびにこの仕事をする実際的な世界が、そのもっとも中心的な意味をもつものと考えられていた。

そして「聖なる世界」とは、このような実際的な世界からは残された、別の領域である。それは、世俗の領域の外にあるもので、個人に対しては外在しているものである。そこでは人々の心に畏敬や崇高の気持ちが湧きおこってくる。宗教はこのような聖なる体験に関する特別な心構えであり、それらは儀式や実践を通して、「世俗の世界」とはっきり区別される。またデュルケムは宗教的な儀式や礼拝の対象となっているものは実は集団自体、つまり社会であると結論した。神とは社会がその実態をあらわしたものであり、社会集団がそこでは、1つの人格化された生きた実態となってあらわれていると考えられている。

また宗教は、社会がその安定をたもつために、基本的な要求を、社会の側から人間の行動を拘束するかたちで、伝統を神聖化していたものであった。

とにかく社会は個人をこえた、より大きなものであり、個人を力づけ、また支持をあたえる。それはまた、個人に人生を意味づけるものとして、理想や価値の源泉となっているもので、個人を社会的存在につくりあげるものである。このような考えからデュルケムは、神を礼拝することは、個人が依存している大いなる実在物である社会に対する仮想の礼拝にほかならないと考えた。

ここにまた社会における宗教の機能の問題が派生してくる。宗教は社会を維持するものである。人々に対して社会に価値をあたえ、その心に社会に対する尊敬の気持を呼び起こすことによって、社会を人々のあいだに維持させる。礼拝の儀式を介して、社会はみずからの姿を象徴的に演出し、それ自身を再確認する。そしてこのことにより、社会と人々のあいだの共通した心構えを強化することで、社会それ自体をも強化するのである。

デュルケムは、宗教的儀式を介して集団がその存在を再確認していくこと、また、宗教そのものがそこで、社会の各種の規範を神聖化していくことを強調することによって、宗教のもつきわめて重要な社会的機能を指摘した。

デュルケムにとって機能という言葉は２つの異なった意味に用いられている。それはある場合には、生命的運動のすべてをその結果を度外視して意味し、またある場合には、この運動と有機体の何等かの欲求との間に存在する対応関係を説明するものであった。

彼が宗教の機能という場合にはその第２の概念を採用して、宗教の機能は宗教の活動そのものではなく、宗教が社会の欲求に対応して生ずる結果であるとして、この意味をもってその機能的分析を裏付けた。

彼のこの機能的分析の概念は、まさしく現代の社会学的機能主義におけるそれの先駆をなしていると見てよいが、現代の社会学的機能主義に対して、理論的モデルを提供したのはラドクリフ・ブラウンやマリノフスキーであり、これを受け継いで、イギリス社会人類学を支配するにいたった人類学的な機能主義の理論であった。

この立場の特徴は、進化主義ないしは伝播主義に反対して、現存の特定の社会を統合された全体として把握し、その内部の諸制度の存在的意義を全体との関連において究明しようとしたところにある。

マリノフスキーは、文化を相互依存的な種々の制度からなる全体と規定して制度的分析を行うと同時に、他方、これらを人間の欲求と関連づけて機能分析を行う必要があると主張した(13)。マリノフスキーの定義する機能の概念には use、utility、relationship という意味が支配的で人間の文化における基礎的および派生的な欲求の充足という営みを指している。彼の方法は欲求の充足という、個体の文化的行動を中心に見た文化の機能的分析であった。

また、彼の機能の概念のなかには、社会の全体に対する寄与や、その社会全体のなかの役割の意味が含まれていたものであって、おのずから彼の機能的分析は、デュルケムのそれと一致するものである。

ラドクリフ・ブラウンは、デュルケムが社会的諸制度の機能を、社会有機体のさまざまな欲求を充たすものと定義したのに対して、この規定は十分明確ではなく、また目的論的解釈になりがちであるとして、これを否定し、「欲求」という言葉のかわりに「生存の条件」という言葉を使用すべきであると主張した[(14)]。しかし彼が「機能とは、周期的な部分が有機体全体の生命の中で作用する部分であり、周期的な部分が有機体全体の生命にたいして行う貢献である。……周期的な生理過程の機能は……周期的な部分と、有機体の……諸要求との間の対応関係である[(15)]」とのべていること、また、彼は有機的体系の提起する問いには、形態（構造)、生理（機能)、進化（発展）の３つがあり、それら３つの問題はすべて社会生活に適用されると考えていた。

すなわち、基本的単位としての個々人は、統合的全体の中で、社会関係という単独のセクトによって結びつけられている。構造の連続性は、社会生活の過程によって維持されるし、共同社会の社会生活は、社会構造のはたらきである。

しかし、人間社会では、全体としての社会構造は、そのはたらきのうちに観察されるものでしかない。したがって、社会構造の研究は、機能分析を離れて確立することは出来ない。さらに、動物の身体は、生活の過程の中でその構造的類型を変えることがないけれども、社会は、連続性を絶つことなく、その構造的類型を変更することがある。いかなる単位の機能にしろ、いかなる部分的機能にしろ、機能とは、部分的活動が全体の活動にたいして行う貢献である、と主張している点からしても、ラドクリフ・ブラウンの立場は実質的にはほとんどデュルケムと同一であったとみることが出来る。

このデュルケムの機能的分析の概念は、第二次世界大戦の後、アメリカでパースンズやマートン等が理論的体系化を企図して、社会学的機能主義を新しい社会学理論として展開したそもそもの契機となった。

現代のアメリカの社会学的機能主義は、前述した如く、マリノフスキーやラドクリフ・ブラウンを媒介として、デュルケムの示唆した社会体系の構造機能的処理の概念を社会学の中に再生し、これをさらに組織的に発表させ、もってその有機体論的な構想を一段と方法的に強化しようとしたものである。

現代の社会学的機能主義理論はいくつかの選考理論を基礎として発展し、体系化されつつあるが、この点については、パースンズがはじめて自らの理論を「構造——機能分析」というタームを用いて提示した、1945年の論文、「社会学における体系理論の現状と見通し」の中で「構造——機能分析」という考え方の先達者に論究して次の4つの系譜(16)に触れている。それによると、1つはグループ・ダイナミック、心理学、ことに精神分析学の系譜、つまりフロイト(17)、第2は社会、文化人類学、特にマリノフスキー(18)があげられている。第3にエミール、デュルケム(19)およびデュルケム学派、第4にマックス・ウェーバーがとりあげられている。特にパースンズはマックス・ウェーバーから多くをとっているように思われる。たとえば彼の人間行為の一般理論としての「主意主義」的把握へ導かれたものの底にウェーバーの「理想主義」的行為理論を創造することが出来るし、またウェーバーによる比較制度論的分析の取扱い方が、パースンズの社会システム論の「構造——機能分析」の方法であった。さらに合理化の問題、宗教の解釈における意味の問題等、また最近のパースンズの歴史意識の生成を考えるときウェーバー像が鮮明な形で浮彫りにされてくるように思われる。

また第5番目として、力学をモデルとして研究をおしすすめたパレートおよびズナニエッキがあげられている。パレートの『一般社会学要綱』(1916年)はL. J. ヘンダーソンによってアメリカに紹介されて、その古典力学をモデルとする「論理実験的方法」はパースンズの体系的思考に大きく寄与している。パレートはこの日常的な経験の世界を「論理的、実験的」経験とよび、このような功利的な活動の領域を越えた宗教の世界を「超越的経験」といっているが、ここで使われている「経験」という言葉は、われわれの日常生活のなかで体験する出来事、およびこれを科学的に洗練し体系化したものと考えられている。彼は有機体論者が主張する社会の概念を現実の社会と同一視した。しかし有機体系という重要な概念に抽象的定式化を与え、それを社会学的分析の単位とした点に彼の機能主義への大きな貢献をみることが出来る。

またパレートが社会現象を均衡の概念の中でかなり鋭く定式化しようとしていたとき、ズナニエッキは、体系という概念自体を抽象化し一般化していた[(20)]。

彼によれば「体系」は社会ではない。社会も１つの体系ではあるが、重要なことは体系の多元性ということである。すなわち、一定の体系が他の体系の中に含まれているか、または、その体系自体が他の体系を含んでいるかどうか、ということが問題である。

「体系は、その構造のゆえに、すなわち、その諸要素を、それらが体系外のいかなる対象とも結合しないような仕方でつなぎとめている力の総体的な組合せのゆえに、外的影響からは相対的に孤立している[(21)]」

以上のような多くの先行理論の背景と基礎の上に、機能主義、特に社会学的機能分析は発展し、第二次世界大戦以後、それは多くの同調者を見出し、社会学的思考の１つの原則となった。そして、この意味での機能的分析は、ホマンズ、パースンズ、レヴィン、マートンといった人々によってひとしく社会学的機能主義を特徴づけるものとして支持されかつ強調されている。

しかし1960年代を契機として今日に至るまでの約十余年の間に機能主

義の内部に大きな理論的変化が見られるようになった。

このことはE. ティラキアンが1971年の論文で、アメリカ社会学界には僅か10年前には「構造――機能分析」をもって一般的な社会学理論とすることに広範な同意が成立していたが、今日こうした一致は危機にさらされている(22)と述べていることからも知られる。このことは、すでにH. R. ワグナーによって1963年に指摘されていたし(23)、L. A. ゴールドナー、M. ポポヴィッツナなどもパースンズに代表される構造機能分析の危機を指摘している。

このアメリカの社会学的機能主義の最近の展開については後に詳しく検討するので、ここでは1960年代の社会学的機能主義(24)に生じた変化として、第1に機能主義的発想の中に「一般システム理論」と称する考え方が台頭して来たこと、およびこの考え方の主導者はL. フォン・ベルタランフィ（L. von Bertalanffy, “General System Theory, ”General Systems, vol. Ⅶ, p.7）、A. ラパポート（Anatol Rapoport, “Sxatems Analysis,” General Systems Theory in International Encxclopedia of social Sciences, vol.15, pp.452～458）などであり、第2にW. ムーア（Wilbert E. Moore）やN. スメルサー（Neil J. Smelser）などに代表される社会変動の一般理論をめざす新しい機能主義が形成されてきていることを指摘するにとどめる。

§3　宗教研究における機能主義的アプローチ

宗教社会学はウェーバー（Max Weber）の『プロテスタンティズムの倫理と資本主義の精神』(1905年）と、デュルケム（E. Durkheim）の『宗教生活の原初形態』(1912年）にその発端があったことは周知の通りである。

前節で見た通り、この両者は現代の社会学的機能主義に大きな影響を与えて、今日に受けつがれている。いいかえれば宗教社会学はその当初から

「機能理論」と呼ばれる考え方に大幅に影響されて発展したということが出来る。

機能理論は実証的研究のための理論的枠組として社会をいくつかの社会制度が相互に機能的な均衡関係を維持している状態と考える。この社会制度の機能とは、人間の社会活動を、一定の規範にしたがって行動するように仕向けるものと考えられる。そして複数の社会制度は、全体として１つのまとまった社会体系をつくりあげている。またそれぞれの制度を構成している部分は互いに依存的な関係にあるので、組織体のなかのどの部分の変化もその他の部分に影響をおよぼして、組織体全体の変動をもたらすものであると考えられている。

また機能分析の特徴は行為の理論であり、宗教的行為もまた、社会制度の枠のなかの１つの人間の社会行動の類型としてとらえられる。

機能理論は複雑な統合をかたちづくっている社会現象をみる場合の分析上の視点として、社会体系・文化・パーソナリティに注目する。そして人間の社会的行為はいつでもこれら３つのものの影響をうけており、しかもこの３つの視点から提起される機能論的問題は常に他の２つと関係している。

また人間は本来有機体的存在であり、自らが生きてゆくために自然環境および生活環境に順応していくかまたは、それらを積極的に支配して自らの生活に役立てていかなければならない。

しかし人間は同時に、特定の目的を達するためというようなことから切り離された、なんら実益も伴わない仕方で自分の感情をあらわし、なにか心に感じられる欲求を行動に移し、まわりの人や物にむかって反応し、特別な相互関係をつくりあげていくものである。機能理論は人間のこうした順応および表出の欲求にも注目する。

そこで機能論者の視点から必然的に宗教と社会との関係について次のよ

うな４つの問題が引き出される。

〈1〉宗教制度は社会組織全体の機能の均衡を維持していくうえで、顕在的[25]ないし潜在的に、どのような機能をはたすか。

〈2〉宗教は文化体系の中でどのような位置をしめ、また文化体系に対してどのように貢献しているか。

〈3〉宗教はパーソナリティが均衡を維持しながら活動をつづけていくのにどのような機能をはたしているか。

〈4〉宗教は人間存在の基本的欲求に対して、どのような意味を提供しうるか。

機能理論は以上の４つの問題に解答をあたえ、またこれらの解答を介して、宗教現象のもつ社会に対する意義を理解するための道をひらく。

機能理論による宗教の一般的説明は、宗教は日常の中の現世的な出来事をこえた経験に関わるものである[26]。したがって宗教は人間の知識や技術では、生きていくうえでの必要な順応の手段や方法が与えられないような人間の生活領域のなかで、社会学的な意義をもつものとされている。

また宗教は人間存在の実存的状況の中から生ずる人間の経験内容と関連して意味をもってくるものである。このような関連から注目される宗教の社会に対する機能として、

〈1〉宗教は非経験[27]の世界と関連して、人間の実存的状況の中で直面する失望や不安に対して、重要な感情の支えとなるとともに、人々の精神を高揚し、不満を最小限に押さえることによって、社会の既成の価値、目標を支持している。

〈2〉宗教は彼岸の世界との関係をつくりあげるための儀式的手段を備えている。人々はこの儀式を介して彼岸の世界と関係し、それによって、人間の実存的状況と歴史の流れや変化に対して人々の心に安心感を与えると共に、より確かな自己認識をあたえる精神的な基礎と

なっている[28]。

〈3〉宗教は人々のいだく信条や価値に権威をあたえることによって、各人の思想や意見の対立やあいまいさに１つの確立された視座を与えているのであり、このことは暗に社会の安定、秩序の維持に役立つばかりか、とくには現状維持に貢献する[29]。

〈4〉宗教は個人の希望よりも集団の目的を重要視し、また個人の心の衝動に対する集団的な規制の支配をみとめることにより、１つのつくられた社会の中での規範や価値を神聖化[30]する。さらに人々に罪悪感や疎外感を克服する方法をあたえて、その社会の統一と安定を強めていくものである。

〈5〉宗教はまた預言者的役割[31]をはたし、ある特定の社会の中では、その社会秩序を動揺させたり、反逆的運動に影響をもたらしたりすることもある。

――などをあげている。

また宗教が人間のパーソナリティに対してもっている機能として機能論者は、

〈1〉人生について、また日常活動について、それが意味[32]にみちたものであることを保証する基礎をあたえるものである。

〈2〉人間の心の中にある価値感情表出の欲求が充足される機会を与えている。

〈3〉また個人が不確定な問題に直面したばあい、そのひとの心の支えとなり、失望の際には慰めとなり、ときには心を浄化し、さらに自己認識のための条件をあたえている。

――などをあげている。

また宗教と文化との関係は、宗教は文化体系の中に位置づけられるものであって価値に関係している。

機能論者は１つの社会にかかわり合う文化の総体を、各部分が相互に関連し合う１つの体系とみなす。総体としての文化の体系性については疑問もあるが、かりに体系性を認めるものとしても、体系を構成する原理はいくつかあると考えられる。ネーデル（S. F. Nadel）によれば、この問題に関心をもつ文化人類学者によって取り上げられた原理は３つある。それは、①目的—手段の連携、②心理的エネルギーの表出様式、③世界の知的構成の図式、の３つであって、それらはそれぞれ目的（purpose）、エトス（ethos）、エイドス（eidos）と名づけられている[33]。

これは、①目的は経験的知識（これは科学や技術など人間が外界に働きかける際に道具として利用する実証可能な知識をいう）、②エトスは表現様式（好み、センス、品、美などの感覚的な判断の基準となっているものであって芸術によって代表される）、③エイドスは世界観（行為者〈集団もしくは個人〉を、彼以上のなんらかの超越的な存在に結びつけることによって、彼の行為に超経験的な妥当性を与える体系をさす）にそれぞれ焦点を合せて、文化を体系的に統合する研究者のアプローチであるが、機能論者はこれに、④の次元である価値体系[34]を認めて、これらを統合原理とする立場を採る。

宗教はここでいう世界観の体系の中に位置づけられるものであって、それは他の下位体系と相互に関連し、またがっているものである。とくに文化項目が未発達で、まだ充分分化していない段階においては、原始宗教のごとく、４つの下位体系のすべてにまたがっていると考えられる。機能理論の立場からみると、宗教の文化に対する機能は、①その文化を安定させる、いわば投錨地点をあたえるものであり、②しかもそれは、経験世界での実証性をこえたものであり、そこから究極的な意味が形成され、その究極的な意味づけによって、人生の目標、願望をつくりあげる基盤となっている。③このことはさらに、文化自体のかかげる価値目標を存続させ、人々の心にそれと効果的に一体化するのに役立つ畏敬の念を呼び起こすものである。

以上、文化、社会、パーソナリティに対する宗教の機能について機能論者のアプローチを考察したが、以下、トーマス・オーディの見解に従えば(35)、機能理論のもっとも重要な貢献の１つは、現代的な視点に立って、宗教に関する社会学的研究をはじめる際に、従来とはちがった研究の出発点をあたえうるような宗教の特徴に、研究者の関心を向けたことである。それは機能理論が、日常の思索や行動が人間の経験をこえた世界に向けられていく、いわゆる「限界点」の重要性を強調することである。機能論者は宗教が人間の体験のなかで、きわめて重要な限界状況と関連しているものであるとし、われわれが「宗教的なもの」と呼んでいるこの限界状況における体験が、いわゆる「聖なるもの」の体験（宗教的体験）であることを示した。それによると、宗教的体験とは彼岸との出会いであり、出来事の表面的なあらわれの奥にひそむ力との出会いであり、存在の基礎とみられる究極的力との出会いである。しかしこの宗教的体験のなかに、なにが実際に含まれているかという究極的な問題は、科学の領域外にあるものであり、機能理論は、いろいろな宗教的信条のかかげる究極的真理性、あるいは誤診性については、いかなる判断もくださない。しかしこの宗教的体験のもつ経験的な特徴の分析は、根本的な問題を提起するものである。

さらに機能論者の視点はこの宗教的体験に対する人間の反応のなかから宗教集団が形成され、宗教制度が発展し、宗教的理念が精緻なものとなり、宗教的儀式が確立していくところに向けられる。

以上、概観して来たように機能論的なアプローチは宗教と社会との関係を理解していくうえでの概念的道具として、きわめて重要な意義をもつものであるが、ひるがえって、宗教の研究に対するこのようなアプローチは、きわめて部分的で不完全なものであることも認めなくてはならない。宗教に関する多くの重要な問題は、機能主義理論の範囲では提起もされなければ、また答えられてもいない。たとえば、①機能的アプローチは宗教の保守的機能を強調し、それのもつ創造的な革命的な可能性をもつ性格を見落としている。②また１つの既成の社会体系の枠内にかぎって問題を考えるばあい、機能理論は、社会の中に現存するすべての要素は、主として肯定的機能をはたしているという基本的な仮説をたてるがためにきわめて護教的な歪曲におちいりがちである。③また機能理論は文化の世俗化の過程ならびにそれが人間の社会におよぼす機能的および逆機能的な意義についても、これを無視するものであるといわれている。④さらに機能理論は前述した如く、宗教体験の内容について、また信仰や懐疑についての価値判断についてもこれをさけて行動しなければならなかった。

§4　機能理論の問題点と新しい傾向

社会学的機能分析はその当初から変化における社会を問題とせず、制度の上における人間の関係を一点の時の上に限定して考えるところにその欠点がある。従って機能主義の用いる分析に時間の尺度が入らなければならないといわれてきた。

1960年代以後の機能主義の展開として最も注目されるものの１つは、この点に関して、機能主義における進化論的パースペクティヴの再評価という問題が全面化させられ、それに加えて社会変動論そのものの基本的なあり方が反問されることとなった。

これは機能主義が経験的調査研究へ応用される段階に至って直面した現実の問題を克服しようとしておこった傾向である。

パースンズが社会変動をとりあげながら、それを全体として検討することを回避したのは彼の社会体系論が、規範的秩序の維持を中心に展開されていることからくるものであり、そこから導きだされるものは、階級対立、階級闘争によってひきおこされる社会変動ではなく、体系の「適応」過程から生ずる「構造分化」に他ならなかった。

パースンズの理論的欠陥は、体系の維持、均衡に注意を集中し、変動の問題に焦点をおかなかったことにあるのではなく、均衡理論そのものにあるのであって、「均衡モデル」によって変動の過程をとりあつかうこと自体に無理があるということが出来る。

この点について、マートンも「機能分析の理論」にもとづいて「社会的、文化的変動の問題」をあつかうことを志している(36)。

たしかにマートンは、逸脱行為についても、文化目標と制度的手段との関連において検討し、「ある種の逸脱は一種の新しい行為様式とみなされる」ことを主張し、「制度」を論ずるばあいも、「その制度をあたかもその社会のすべての集団や階層が一様に支持するかのごとく論ずる」傾向にたいして批判をくわえている(37)。しかしマートンの場合も、文化的目標と制度的手段のくみあわせの中で、逸脱の類型を分類することに中心がおかれ(38)、文化や規範を社会の階級的対立のなかでとらえる立場は否定している。

またパースンズの「共通の価値」の内面化という問題に関しても、支配階級の価値観なり規範が、これに対立する階級の成員のなかに、いかなるかたちで「内面化」されるのかという問題については全く無視されてしまっている。

この点、パースンズ門下のトーマス・オーディが1966年、その著『宗教社会学』の中で、宗教の制度化にともなうディレンマの問題をあつかっているが、これは宗教を社会の階級の対立の中でとり入れようとする1つの試みとみることが出来る(39)。

また機能主義と進化主義との収斂という展望を、経験的な地域研究（具体的には日本）を通じて、いち早く問題にしたのはベラーであった。

この新しい機能主義をゴールドナーはパースンズ左派と指摘しているが、その代表的な担手として、W. ムーアとN. スメルサーをあげることが出来る。

これらの人々の理論検討は別の機会にゆずるとして、こうした社会学的機能主義分析の新しい傾向の中でパースンズを中心とした構造、機能理論に対する中心的な論点となっているのは第1に、「社会体系」の具体的なかつ現実的な様態は特殊な諸要因のパターンを形成しているが、この特殊性それ自体への洞察という点で無力であること。第2に、この特殊性をそれとして維持し、再生産している構成原理の分析という点での無力さ。第3に、現実的な「社会問題」の深層的解明という点での無力さ。第4に「社会問題」の克服、具体的に染め上げられた「社会体系」の変動に貢献できるような変革論的視座という側面での無力さなどである。

そして必然的におこってきた傾向として、第1に、機能主義における因果性の問題。第2に、機能主義における進化論的パースペクティヴの再評価という問題。第3に、社会変動そのもの、基本的なあり方に対する反問、などがある。こうした現代社会学の諸傾向のなかで、宗教社会学においても、新しい機能主義理論を用いた経験的分析が展開[40]されており、その過程の中から、いくつかの基礎的な難問題が提起されつつあることもまた否定し得ない事実である。

［第３章・注］

（1）新明正道『社会学的機能主義』1967 年。1945～55 年までの社会学の領域での機能主義の展開についてはゴールドナーの論述がすぐれている。Cf. Alivin W. Goudlner, “Some Observations on Systematic Theory” 1945～55. Hans L. Zetterberg（ed.）Sociology in the United States of America,（1956）, pp.34～42

（2）古野清人『宗教社会学』1938 年、小口偉一『宗教社会学』1955 年

（3）柳川啓一「宗教社会学における機能主義理論」（上）『宗教研究』161 号、1960 年、同論文（下）『宗教研究』167 号、1961 年

（4）社会学におけるこの傾向については、『現代の社会学』尾高邦雄、岩波全書、1958 年にくわしい。

（5）Georg Simmel, “A Contribution to the Sociology of Religion” trans, by W. W Elwang, American of Journal of Sociology（May 1955）, Part I, 60：2～14

（6）Thomas F. O’dea “The Sociology of Religion” 1966, pp.28～29　宗像厳訳『宗教社会学』54～55 頁

（7）G. Simmel, “uber Sozial Fifferenzierung,” 1990, S.13.　五十嵐信訳『社会分化論』26 頁

（8）A. Small, “General Sociology.” 1905.

（9）E.A.Ross,“Principles of Socilogy”1920.

（10）L, von Wisse, “Allgeneine Soziologie” Teli I, 1924.

（11）新明正道、前掲書、第３章にこの点に関する詳しい論述がある。

（12）Emile Durkheim, 古野清人訳『宗教生活の原初形態』岩波文庫、以下デュルケムの宗教に関する論述はこの書による。

（13）Bronislaw Malinowski, “A Scientific Theory of Culture” 1961, pp.39～40　姫岡勤・上子武次訳『文化の科学的理論』1958 年、45～47 頁

（14）A. R. Radcliffe-Brown, “Structure and Function in Primitive Society” 1952, p.13, p.178.

（15）Ibid. p.181.

（16）Talcott Parsons, “Present Position and Prospects of Systematic Theory in Sociology” in G. Gurvitch and W. E Moore（eds.）：Twentieth Century Sociology, 1942 CH. Ⅲ.　武田良三訳「社会学における体系的理論の現状と将来」『二〇世紀の社会学』第４巻、誠信書房、昭 34 年、32 頁

（17） Sigmund Freud,『幻想の未来』土井正徳・吉田正己訳、日本教文社の中で、フロイトは宗教体験に関する興味深い見解を述べている。このフロイトの宗教研究は宗教社会学に重要な問題を提起している。

フロイトは宗教は人々の直面する深刻な困難な問題をかわって埋め合わせていく働きをもつものであり、宗教は人々の行動に規制を加えることによって、社会的統制にも役だつものであるとしている。さらに彼は宗教は幼児期の体験を再現するものであり、宗教は幻想にすぎないものであるといっている。

（18） B. Malinowski, "Magic, Science and Religion" 1954 に彼の宗教および呪術に関する重要な見解が見られる。特にトロブリアンド島民の考え方の中から経験的要素と非経験的要素の区別と両者の共存についての彼の見解はパーソンズの宗教解釈に受けつがれている。

（19） パースンズは「1つの社会における宗教的な象徴体系と、そのコミュニティの成員に共通の道徳的感情によって支えられている行為のパターンとのあいだに、きわめて密接な統合関係がある事実についての、デュルケムの洞察のもつ根本的な重要性は、まったく疑う余地のないものである」("Essays in Sociological Theory" 1958 p.206.）と述べているように、デュルケムの宗教に関するこの見解は発展的にパースンズに受けつがれている。

（20） D. マーチンデール『現代社会学の系譜 下』親睦人他訳、1971年、未来社、502頁参照

（21） Florian Znaniecki, "The method of Sociology"（New York：Farrar & Rinehart, 1934）p.16.

（22） E. A. Tiryakian "Introduction to the Sociology," do.（ed）, The Phenomenon of Sociology,（New York. 1971）, p.2.

（23） Helmut R. Wagner "types of Sociological Theory：Toward a System of Classification," A.S.R., vol.28,（1963）pp.735f,

（24） 1960年以後の社会学的機能主義の展開については稲上毅氏の『現代社会学と歴史意識』木鐸社、昭和48年に詳しい。

（25） Robert K. Merton, "Social Theory and Social Structure（Glencoe, III：The Free Press, 1958）, Chap.1, "Manifest and Latent Functions：Toward the Condification of Functional Analysis in Sociology" pp.19～84.

(26) アメリカの人類学者エドワード・サピアは、宗教が人間に対してもつ意味についての鋭い分析のなかで、宗教の本質は「日常生活のなかで起こる困惑や危険をこえて精神的に静かな落ちついた心境への道を発見しようとする人々の努力」の中に見出されると述べている。
Edward Sapir, "Culture,language and Personarity." Berkeley：University of California Press, 1960. pp.122～123.

(27) パースンズは宗教に関して、非経験的という言葉を用いる。これは合理的、経験的、科学的な認識ではその正否が判断出来ない領域をさす。

(28) Kingsley Davis, "Human Society" New York：Nacmillan Co,. 1948. pp.531,532～533.

(29) 宗教のもつこの機能に関してはマリノフスキーの研究がすぐれている。

(30) 宗教のもつこの機能に関してはデュルケムの研究に負うところが多い。『社会学的方法の基準』田辺寿利訳、創元社。またラドクリフ・ブラウンのアンダマン島の住民に関する調査から引き出された宗教の機能も重要である。

(31) ウェーバーのカリスマの現象が重要である。

(32) この点に関してもウェーバーが受けついでいる。

(33) S. F. Nadel, "The Foundations of Social Antholopology." 1951, Chap. XIII

(34) パースンズのいう system of value standards or evaluative symbols をさす。

(35) Thomas F. O'Dea, "The Sociology of Religion"　宗像巌訳『宗教社会学』昭和43年、第１章参照

(36) マートン『社会理論と社会構造』113頁

(37) 同ページ

(38) 同129ページ以下

(39) 前掲訳書、第６章

(40) たとえば機能主義と進化主義との収斂という展望と日本を題材とする経験的な地域研究を通じて、いち早く問題としたのはベラーであった。
Cf. Robert N. Bellah, "Durkheim and History." A.S.R（Aug, 1959）, vol.24. No.4, pp.447～461.

第４章　構造機能理論と宗教

§1　機能と構造

「機能分析」は約30年以上の間、社会学者や人類学者の間で問題にされて来た。「機能」という言葉は非常に多くの意味を含んでいるために、しばしばその概念にあいまい性を生じ、理論社会学の論議の中心となっていた。

ティマシェフに従って「機能」の意味を整理してみると、①１つの変数が他の変数によって決定されるという、y ＝ f (x) であらわされるような数学的意味、②部分の全体に対する寄与という、生物学的な意味、③特定の社会構造の維持に対する作用または効果としての意味、等に分類することが出来る[(1)]。

社会学における機能主義は、そのいくつかの先行理論からあみ出されたものである。故に近代機能主義の成立の基礎となった重要な先行理論を整理することは、社会学における機能の概念をはっきりさせる上に重要である。

パースンズは、この先行理論をつぎの５つに整理している。①はフロイト学派を中心とする精神分析の理論である。これは個人を動的な構造機能体系と考える、現代の力学的臨床心理学の発達によってうちたてられたものである。②はマリノフスキー、ラドクリフ・ブラウンを代表とする現代社会人類学、文化人類学に属する人々の理論である。③はデュルケムおよびその後継者によってうちたてられた理論であり、中でも特に主要な要素として「社会体系の構造機能的処理」をあげることが出来る。④はマックス・ウェーバーによってうちたてられた普遍化的理論の図式である。⑤は力学をモデルとして、研究をおしすすめたパレートである[(2)]。

これら先行理論の中でも特に、マリノフスキーとラドクリフ・ブラウンの機能主義は、現代の機能主義にとって重要な意味がある。マリノフスキーによれば、社会の部分（制度）は、社会のなかの個人または下位集団の直接の欲求から生まれたものである。彼の言う機能とはこれらの欲求を充足することである。またラドクリフ・ブラウンによれば、１つの制度は他の制度とかみ合わされているゆえにある。それ故に１つの制度は他の制度の函数である。

またある意味では、社会制度は全体としての社会にとって善であるがゆえにある。１つの制度が存在することは、安定した均衡のなかに社会を維持することである。制度の機能は社会的均衡の維持においてそれが果たす役割である。

たとえば、葬儀のように、何度も再現される活動の機能は、それが全体としての社会生活において演ずる役目であり、それが構造の持続の維持に対してなす寄与である[(3)]。

ホマンズによれば、呪術のような制度は、個人の欲求を充足し、そして他の制度にかみあわされ、さらに時に安定した均衡の維持に寄与すると考えるべきである[(4)]。

このような先行理論の背景と基礎の上に、機能主義、とくに構造機能的分析は、第二次大戦後多くの同調者を見出し、社会学的思考の１つの原則となった。この中でも特に、高度に体系化され、洗練された、タルコット・パースンズの社会体系理論とその直接のフロアーであるマリオン・レヴィの理論ならびにロバート・マートンの高度に建設的な批判が重要であると思われる。

パースンズは「社会学の理論は構造機能型（The structural fanctional

type）でなければならない」と言っている。彼は自らの方法を機能分析とだけ言わないで、構造機能分析（Structural fanctional analysis）としている。彼によれば、体系を安定させようとする働きが、機能である。そしてその機能を分析するためには、体系がどのような部分からなりたっているかを、体系のうちにある下位体系（sub system）の研究によって明らかにされなければならない。この下位体系の研究が構造の研究になる。またこの「構造機能分析は、行為の関係枠 “The action frame of reference” の内部で構成されなければならない」というのがパースンズの学説の特徴である[5]。

一般に行動科学（社会学・社会心理学・人格心理学・文化人類学）といわれる学問の領域では、人間の行為を観察することが、研究の基本的要素である。従って行為についての演繹的な一般理論が、まず研究の根本わくとして定められなければならない。パースンズもまたこの点に重視し、行為の一般理論について多くのすぐれた理論を展開している[6]。

彼の行為理論の関係わくは、原則として、行為の全範囲のどの部分にも、どのように複雑な有機体のどの行為過程にも順応する。

人間の行動は、生科学的である有機体と欲求性向の統合であり、心理学的組織であるパーソナリティと社会体系と文化体系の４つのシステムにかかわっている。

パースンズによる行為の分析は、行動する人（actor）と状況（situation）と状況への志向（orientation）に分かれる。

人間の行動は、一般に文化（culture）と呼ばれるさまざまな行動様式に従って行われている。道具や言語の使用法、技術や科学的知識、人々の間の交渉のあり方を規制するさまざまな習慣・法律・道徳、人間の感動を表現する芸術、人生の究極の意味にかかわって、ものごとを位置づける宗教など。文化はもともと人間の生物学的要求から発生してきたとしても、社会生活を通して伝承されているうちに、本能的な行動様式から、しだいに分離していった。そしてわれわれが日常生活において、しばしば経験するとおり、文化の様式に従うと、特定の状況においては、生物学的な要求のたちどころの充足をあきらめなければならない。たとえば、出勤のために睡眠時間が制限されたり、仕事のために食事をする時間がなかったりする。こうして文化と欲求は対立する。われわれは有機体としての欲求を文化によって規制されたパースナリティを通して充足しつつ、社会（行動の相互交換）生活を行っている。われわれは行為者——状況の図式の中で客体に対して、望ましいもの（the desirable）⇔望ましくないもの、ほしいもの（the cathected）⇔ほしくないものを、選択することによって行動する。この場合「望ましいもの」についての概念は、価値という言葉で表わすことができる。

一般に文化の一属性である価値を簡単に定義すれば、何が望ましいかについて社会の成員が後天的に習得した観念ということになる[(7)]。望ましいものは、欲しいものとたまたま一致するが、行為者⇔状況の図式の中では、両者ははっきり異なった位置をもつ。組織内の活動家にとって、休息はほしいものであるが、望ましいものではない。勤勉な企業家は、ぜいたくな消費を欲しているかもしれないが、それが望ましいとは考えていない。またわれわれはしばしば道徳的な望ましさのために、電車の中の席をゆずったり、審美的な望ましさのために、暑さや寒さに逆らって服装を整えたりする。こう考えてくると、価値はその時々の欲求の対象ではない。むしろ、それは欲求の対象として何を選ぶかという選択過程を規制する原則である。こういう意味で、望ましさは行為者の外側の対象に付随する性質とみるよりも、行為者を内側から支配する指南の基準とみるべきである。

これに対して欲しいもの、すなわち欲求の対象は、明らかに外側の状況に位する。しかし何が望ましいかの観念は、最初は行為者の学ぶべき対象として彼の外側にある。

これを行為者が内側に取り入れて、みずからの行為基準とするようになる。客体として存在する外側の文化（価値）が個人のうちに取り入れられる際、それはパーソナリティの相違によってさまざまの屈折を受ける。

同様に外側の価値が集団の中に取り入れられて、相互行為を調整する基準となる場合にも、集団の性格創意によってさまざまに変容される。このように文化が個人のうちに取り入れられ、望ましいものとして個人の行動を統制するようになった時、文化はパーソナリティに内面化（internalization）されたといい、文化が社会に取り入れられ、行為体系に対して拘束力をもつとき、その文化は集団の中に制度化（institutionalization）されたという言葉を用いる。パースンズはこの過程を２つに分析する。すなわち、まったく自己だけに関連する動機だけによって行動する場合と、他者の評価を通して、心理的満足を得ようとする動機によって行動する場合とに分けられる。

前者は動機志向（motivational orientation）と呼ばれ、後者は価値思考（value-orientation）という用語が用いられる。価値の実現をめざして、一時的な衝動を押え、エネルギーを系統的に分配していく行動のシリーズを、マックス・ウェーバーは価値合理的行為と呼んだが、このようなシリーズの中の１つひとつの行動への動機を、パースンズは価値への委託（commitment）と呼んでいる。

価値志向は、行為者がつぎつぎに経験する状況を、究極目的である価値との関連のもとで構成する原理である。たとえば、坐禅をすぐれた価値としている禅者は、あらゆる状況においてこの価値を保ち、高めようとするだろう。それはちょうど、景色を見るたびに、それが良い絵になるかどうかを感じる画家の場合に似ている。

どちらの場合も、１つのパターンあるいはイメージを、あらゆる状況の中に一貫して読みとり、それに基づいて状況を構成しようとしている。

一方、動機志向の場合、この行為の型の特徴は、欲求の充足⇔阻害のバランスをとったうえでの行動の決定であり、損得の収支計算があらゆる状況を通じて一貫する。

これらの２つの志向の様式は、異なった行動の選択を導くが、また逆に、選択された行動の結果である賞罰が、それぞれの志向様式を強化する。動機志向の原理に従えば、いうまでもなく、目標到達にあたって行為者のはらう犠牲は小さいほどよい。ところが、価値志向から選ばれた目標への到達にあたっては、動機志向の引くある限界線の内側においてではあるが、犠牲は大きければ大きいほどよい。

たとえば、宗教の伝道者が、しばしば私生活の幸福を犠牲にして布教に献身したり、信者が自分の商売を投げうっても、会合の場所に店を提供したり、修行者が、食事・衣類を断ってまで貧に甘んじることは、よく知られていることである。この場合、彼らはぜんぜん「報酬」を得ていないのだろうか。そうではない。彼らは行動するごとに、犠牲を支払うたびに、一種の目標に到達する。ただ到達された瞬間に、もっと高い目標が設定されるだけである。

到達された目標とは、到達以前に考えられていた価値との合一の状態にほかならない。そのかぎりにおいて、彼らは報いられている。彼らの中に何ものかが入り込む。彼らはもはや以前の彼らではない。そのことで彼らは満足し「報酬」を得る。この種の満足は、ふつう自尊心の満足と呼ばれるものである。

人は価値へのコミットメントに伴って、多少とも犠牲を支払うが、この犠牲こそ、自尊の感情を維持し高揚する条件である。犠牲がなくては、つまり外界の抵抗がなくては、エゴであるところの内面化した価値を意識しにくい。犠牲を通じて、価値の内面化をそのたびごとに確認し、強化していくこと、これが犠牲のもつ「報酬」の意味である。

ホッファーによれば、「私たちの個人的な利益や将来性が、人生の目的として価値がないように思われるとき、私たちは必死になって自分以外のものに人生の目的を求める。献身・愛着・忠誠・そして自己放棄は、どんな形をとっていても、本質において、私たちの損なわれた人生に、価値と意味とを与えるかも知れないものへの絶望的な終着なのである[8]」。

しかし価値は個人のパーソナリティに内面化し、彼自身の中核的な部分となるということを認めるなら、ひたむきな信仰者が必ずしも自身以外のものに人生の目的を求めているとは言えない。彼が行う自己犠牲は、価値の内面化を自らの中に確信し、自尊心を強める。そのために、効果の法則に反して、いっそう人を特定の行動様式（報酬の乏しい行動様式）にコミットさせるという過程が、宗教行動への積極的な参加のケースにおいて典型的に展開されている。動機志向が引く通常の限界線を越えた人（百尺竿頭に一歩を進めた人）にとっては、経済的不利や、自己犠牲は、活動への動機づけを低下させる原因にはならなくて、逆にひたむきに行動するための条件となる。その限界線を越えることができない人にとっては、「悟り」とか、積極的な自己犠牲、および他愛的自己放棄（一切衆生が悩めるために、我れ悩む）がもつ「報酬」の意味は理解しにくい。

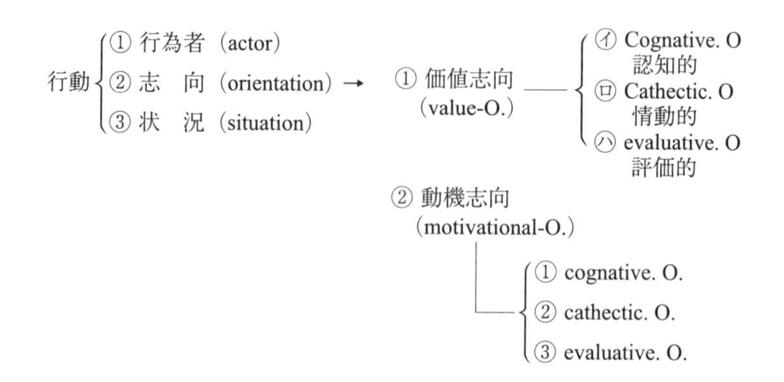

われわれはこれを動機志向の枠組みに無理に位置づけて、理解しえたとする誤解に陥りやすい。ここでもう一度パースンズにおける行為の分析を図式化して整理してみよう。

㋑認知的というのは対象の知的把握であり、「それが何であるか」という関心が強く対象に働く志向をいう。

㋺情動的というのは対象に対して感情的に志向することであり、「それが欲しい」「欲しくない」という関心の働く領域である。

㋩評価的ということは、２つ以上の対象からどちらかを選択しようとする志向である。

そしてこれらの志向には必ずどちらか一方を選択しなければならない両極があり、それが、

1　行動の充足対規律のジレンマ

感情性――感情中立性

2　私的関心対集合的関心のジレンマ

自己中心的――集合体中心的関心

3　超越対内在のジレンマ

普遍主義――個別主義

4　客体の様相のジレンマ

所属体本位――業績本位

5　客体の意味の範囲のジレンマ

無限定性――限定性

の５つのペアの「型の変数」としてとりあげられ、この変数の組合せにより文化的項目が社会体系に位置づけされる[(9)]。

この場合、パーソナリティを通して社会に制度化されるか、パーソナリティの中に内面化されるかによって、文化項目の位置づけの図式が異なってくる。

ここでは宗教の社会的機能を中心に考えている。従って社会体系と文化との関係が主要問題として取りあげられる。いいかえれば、社会体系が均衡を維持するには、いかなる機能が必要であるか〔機能的命令（fanctional imparativas)〕を考え、その上で、下位体系としての宗教がどの部分の機能を果たしているかを見る。これがパースンズの構造機能理論であり、ここでいう宗教の構造機能的解釈である。

社会的なものの本質は、相互に相手の行為を予期しうる行為者の相互行為の過程である。この過程が一定の型を保ち、相対的に安定しながら、特定の目標達成をめぐって組織され、構成単位である個人のなんらかの欲求を充足するよう機能するとき、それは社会体系と呼ばれる。

文化は社会体系に制度化されて、その体系に比較的恒常的な同一性を付与する。しかし分析の最初のステップにおいては、社会体系の一部ではない。それは、観察する場合には社会体系の外側に位し、相互行為をする行為者の欲求を規制することを通じて社会体系の中に入り込み、社会体系の中を貫流する。文化の侵入を受けた社会体系は、異なった２つの要請に対処しなければならない。１つは環境に対して自らの同一性を保ちながら、目標を達成するという要請であるが、これは、動物的本能的条件である。もう１つは、人間社会に固有の要請であって、文化のもつ意味を、あらゆる状況に一貫させようとする要請である。この２つの要請は、その本質上、互いに矛盾する。たとえば、常に身だしなみをよくしていること、おこらないこと、さぼらないこと、あらゆる機会に真実のみを語ること、これが文化の一貫性の要請であるとしよう。

しかし、行為者がおかれている状況はさまざまであって、これらの要請を一貫して実現することはできない。社会体系は変化する環境の中にあって動いて行く運動体であるから、自らの存続の必要のために、文化の側の要請に全面的に忠実であるわけにはいかない。

それにもかかわらず、文化の型の一貫性が完全に否定されるなら、相互行為する行為者が、相手側の行為に関して行う予期はなりたたないことになり、社会体系は分解する。したがって、ある限界を超えては、一貫性の要請を拒否することはできない。そこで、状況側の要請と一貫性の要請とは、相互に妥協しあわなければならない[10]。こうして有機体としての社会体系と超時間的に妥当する一貫的な意味を属性とする文化体系とが、分析の上では区別しなければならない。社会体系は、自らの中へ侵入してくる文化の一貫性の要請を、自らの同一性の保持に必要な程度において尊重するが、全面的にその要請を容れるわけにはいかない。従って社会体系に関して文化のもつ２つの位置を区別する必要がある。１つはまだ社会体系の外側にある理念としての文化であり、もう１つは状況の要請という濾過機をくぐって制度化された文化である。

前者は後者にくらべて、抽象化の高い文化であるということが出来る。

社会体系の外側にあって、そこへ制度化される以前の典型的ないし理念的文化は、体系内の行為者にとってなんらかのモデルとはなるけれども、彼の行動を実質的に拘束するまでには至らない。そのモデルに従って行動しなくても、周囲から制裁を加えられるようなことはないからである。制度化され、制裁をともなう文化への行為者のかかわり合いを、パースンズはコミットメントと呼び、その段階に達しないかかわり合いを受容（acceptance）と名づけ、両者を区別した。

われわれは、ある趣味の基準が、上品なものであることに同意する場合でも、この基準がわれわれの生活様式全体を貫いていて、われわれがそれにコミットしているわけではない。たとえばキリスト教の伝統をもつ社会においては山上の垂訓の論理がそうである。また仏教の社会では八正道の倫理がそうである。それは高級な基準であって、それに従わないからといって非難されることはないが、しかし理想的な基準として受容されている、「人もし右の頬を打たれれば、左の頬をさし出す」というような文字通りの行為が日常生活において期待されているのではないから、この文化は制度化されているとは言えない(11)。

理想的な文化の基準は拘束性の程度では、制度的文化に劣るが、「望ましさ」の点では、必ずしもそれに劣るわけではない。理想的文化と制度的文化はともに、純粋に理念的であり、純粋に制度化されるということはありえない。したがって、両者はお互いにその属性を受けとって、望ましさという属性を有すると同時に、理念的文化もまた多少の拘束性をもつ。なぜならば、それは部分的に制度化されているからである。理念的文化の拘束性は、おそらくは宗教の合理化の程度に依存している。たとえば、キリスト教のように合理化がきわめて進んだ宗教と、いわゆる「原始宗教」を比較してみよう。

「原始宗教」は、きわめて狭い範囲にしか、その拘束力をもたない。それはほとんど、限られた社会、すなわち、その宗教が制度化された社会にしか拘束力をもたない。

しかし、キリスト教は制度化の範囲を超えた社会にも、人間倫理として強い拘束力をもっている。宗教の合理化が進めば進むほど、その教訓のうちで社会体系の現実の要請に適合しない部分が広がるからである。しかし、それにも拘わらず、これらの部分での行動は、宗教の影響力から免れえないから、「開かれた道徳(12)」として広い範囲に制度化される可能性をもっている。

それでは宗教はどういう形で社会体系に制度化され、社会体系のどの部分の機能を果たしているであろうか。以下では集団の機能的要件との関連において、宗教の制度化をとりあげてみよう。

前に述べたように、価値は人間の衝動の対象としての「ほしいもの」ではなくて、一般的に「望ましいもの」である。このように個人によって

「望まれたもの」がそのまま価値とはならないのは、個人の欲求の直接的な充足を抑制する集団の欲求が、価値の生成に参加しているからである。近親相姦が禁止されていることは、このことを明らかにするよい例証である。もし、自由な近親相姦が承認されるなら、家族員間の葛藤が生じ激しくなるであろう。そのため、家族を基礎的単位とするもっと広い集団の活動がスムーズに行われなくなる。それゆえ、家族やそれを含む集団の内部の協力関係を維持していくという要請から、それは禁止され、反価値とみなされなければならない。

また、逆に個人にとって欲求阻害となる行動も、集団の存続という見地から価値を与えられる場合もしばしばある。

価値の生成に参加する集団要求は、前にも述べたように、個人のセルフ・インタレストの原理に従って、個人はさまざまの欲求に重要性、緊急性の順序をつけ、あるものは充足させ、他のものは充足を断念したり、延期することによって、パーソナリティの総体的な欲求充足量を高めようとする。１つの欲求の最大限度の充足ではなく、さまざまの欲求の最適限度の充足をめざす秤量の作用が、集団の場合にも働く。この場合の構成要素は、集団に対して、個人が期待することが出来る欲求充足であり、集団の目標は、その成員中の特定の誰かの欲求限度に充足させることではなく、成員の全体の総合的な満足の量を最適限度に充足させ、そのレヴェルを保っていくことである。

§2　集団のもつ機能的要件と価値の種類

それでは集団の要求にはどんな種類があるだろうか。もしもこれらの種類を明確にすることが出来るなら、それに対応させて、価値の類型を構成することが出来る。

社会の分化した下位体系

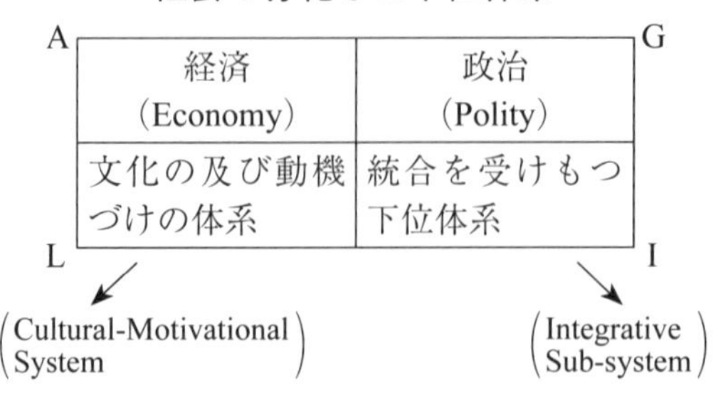

行為体系の四次元と（価値の型）

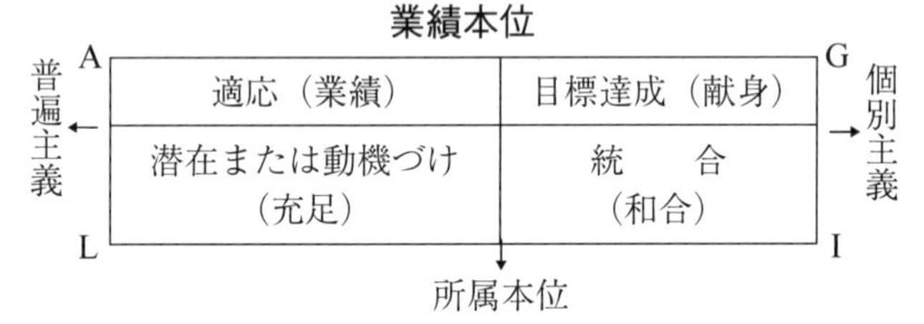

略語
1. A—適応（Adaptation）
2. G—目標充足（Goal grafication）
3. I—結合（Integration）
4. L—潜在的なパターンの維持および緊張の処理（Latent-Patern Maintenance and Tension Management）

文化及び動機次元の下位体系

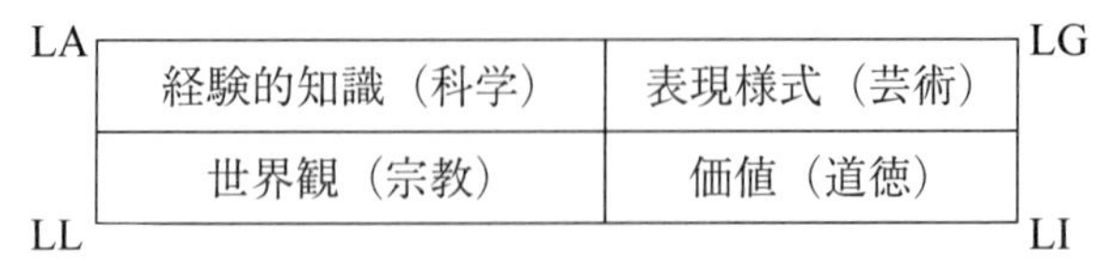

文化の下位体系として、経験的知識、表現様式、世界観、価値、の四つを挙げると、社会の中で、広範囲に制度化されている代表的な文化項目を例として示すと、科学・芸術・宗教・道徳をあげることが出来る。

パースンズによれば、集団の最も基本的な要求は集団の存続である。そしてこの要求を満たす条件が機能的な必要条件と呼ばれ、集団の2次的な要求となる。

これらの要求が満たされなければ、集団は解体するか、または、集団内部の支配層が交替し、集団は以前の形では存続できなくなる。

集団は目標を達成しなければならない。目標を達成しない集団はその成員の欲求を満足させることが出来ず、成員の集団参加の意味が失われる。従ってこの次元からは、成員がこの集団目標の達成に貢献しているかどうかという評価の基準が生ずる。また、集団の構成単位である下位集団や個人の間の協力をスムーズにするために、あるいは利害や感情の衝突が協力を著しく妨害しないように、諸単位間の調整をはかる「統合」のメカニズムが必要である。そしてこの次元からは、個人が社会規範を通して他者との調和をどの程度維持していくかを評価する基準が生ずる。

最後に上述した3つの集団活動に必要な動機づけを確保し、余剰の動機づけを無害な形で表出させる機能が必要となって、この次元からは、3つの集団活動を、いわば原理的に批判しうる立場にあるところの昇華された私的欲求にどの程度忠実であるかを評価する基準が生ずる。

これらの評価の基準から導かれる価値を、それぞれ献身・和合・業績・充足と名づけてみよう。そうすると、これらの価値を内面化したパーソナリティは、集団に献身し、他の成員と和合し、個人主義的に業績を挙げ、普遍的自我を確立することを望ましいと感ずる。

集団運動の第4の次元において、宗教が社会体系に関係してくる。従って、ここではさらに多くのスペースをさいて、社会体系の内における宗教の位置と機能についてのべよう。集団の「目標達成」は成員の欲求を最適度に満たそうとはするが、現実には個々人の欲求は、その集団欲求に完全に吸収されないのが常態である。この余剰の部分は「適応」の次元での行動に伴う野心の満足とか、他人との「統合」の関係を通じて得られる情動的な満足において、ある程度満たされることもある。しかし、それでもなお満足されない部分が残る。その上「適応」や「統合」の次元で生じてくるフラストレーションは、何らかの形で充足されるか、またはそうされなければならない。そこで、社会活動の場ではどうしても充足されえない個人の欲求を表現する第４の私的な領域が必要となってくる。

この私的な欲求を充足する道がなければ、個人はその集団に参加している意味がなくなり、そこで活動しようとする動機づけが弱まる。また、もしこの私的な欲求の表現が集団「目標達成」の次元へ適切に通路づけられるならば、集団目標は次第に変容されていき、集団が陥りがちな過度の安定、保守性から生ずる滅亡の危険をのがれることが出来る。

しかし、成員の私的な欲求を充足させるには限度がある。集団存続に必要な「目標達成」「適合」「統合」の各集団活動がスムーズに行われるためには、個人は出来る限り私的な欲求を昇華させ、他からの期待にそって欲求を充足させるようにしなければならない。

このような役割期待の要請にそった動機づけの型を形成するにあたって、文化はそのモデルとしての機能を果たす。しかし、モデルとしての文化は集団の目標の外にあるものである。すなわち、モデルとしての文化は集団から独立しており、集団活動の内容を規定し、集団活動に一貫性を与えるとともに、集団を「原理」的に批判しうる立場にある。

従って理念的文化を集団の中に取り入れて行くことは、集団の同一性を確保するために必要である。また理念的文化は集団の停滞や孤立を救う。従って１つの集団が他の集団と接合してゆくためには、他の集団との媒介者の役割を果たすところの理念的文化をなんらかの形でとり入れていかなければならない。

その意味においては、理念的文化は、集団の変化の動員となると考えることが出来る。

しかし、文化の一貫性の要請は、運動体である集団の現実の要請と矛盾する。したがって、理念的文化は成員相互の役割期待が合致し、相互行為が安定するうえに必要な程度においてのみ、社会体系の中へ取り入れられる。

こうして文化を通して欲求を規制し、集団活動に必要な動機づけの質と量とを確保しながら、文化的に昇華された形で、余剰の動機づけに表現の通路を与えるところの第４の集団要求が、機能的要件の一角として位置づけられる。

こうした動機づけの行われる集団運動の次元は、他の集団活動へのかげの力として、「潜在」と呼ばれる。

宗教は理念的文化の中に含めて考えることが出来る。したがって社会体系の中での宗教の位置づけは、動機づけの次元における下位体系の一部として考えられる。そしてそれは、集団の同一性を確保するとともに、他の集団との媒介の役目をなし、同時に集団変化の動因となっている[13]。

§３　動機づけの下位体系としての宗教

下位体系の一部としての宗教は、①ある社会にとって道徳的基盤になりうるような究極的な価値、または意味を提供するとともに、②人間が処理できず、道徳的意味を持たぬような究極的なフラストレーションにたえて、パーソナリティの統一を維持する力を人間に与えてゆくという宗教的な動機づけとしての機能を果たしている。この場合、究極的な価値が死よりも偉大であり、死の不安に打克つという主張が、真理の幻影に対する勝利という形で、宗教の教義の核心をなす。パウル・ティーリヒは宗教を人間の究極的な関心事に関連した態度と行動と定義している[14]が、この究極的な関心には、究極的な価値と究極的な脅威という２つの側面がある。この２つの究極的関心の対象が象徴化されることによって、「聖なるもの」とか「神的なもの」が規定される。

原始宗教においては、社会の現行の慣習をそのまま神聖視する。しかし、ここで見られる「神聖者」は、しだいにより単純化され、生活の個別的な情況から超越した一般者となり、人間の究極的な挫折と究極的な救済との分極理論にたつ救済宗教へと発展してゆく。

これはマックス・ウェーバーのいう宗教の合理化であり、この宗教の合理化は社会的慣習やタブーからその神聖性を奪い、世俗的活動に対する伝統主義的制約を打ちやぶることによって一般生活領域の合理化を促す[15]。

すなわち、潜在、または動機づけの下位体系としての宗教が、他の行為体系に及ぼす機能はまず、①集団の慣習、法律、道徳などの社会規範への同調、随順を促し、他者との調和、結合を強化する（宗教の動機づけが、行為体系の４次元であるところの統合の次元へアウト・プットした場合）。また、②節約と勤労を強調することによって、個人をして生産にコミットさせ、消費を抑制する動機づけが増大する。これは集団目標の達成と結合して、経済的合理化を内面的に促進する。③また一方、宗教的動機づけは、公益優先へのコミットを強化することによって、さらに大きな政治体系による下位政治体系の統合を容易にし、緊急の事態に伝統的身分や地方的慣習を克服する途をひらく。しかもそうしたエネルギーを受けた各下位体系はまた相互に左右しあって、全体の局面を変動させる。

[第４章・注]

（1）N. S. Timasheff：“Sociological Theory”, 1955, pp.219～20

（2）Talcott Parsons：“Present Position and Prospects of Systematic Theory in Sociology”, in G. Gurvitch and W. E. More（eds）：Twentieth Century Sociology, 1942. Ch.III.
武田良三訳『二十世紀の社会学』第４巻、誠信書房、昭 34 年、32 頁

（3）A. R. Radcliffe-Brown：“Structure and Function in Primitive Society”, 1952. p.180

（4）G. C. Homans and D. M. Scheider：“Marrage,Authority,and Final Causes”, 1955. pp.15-21.

（5）Parsons の体系理論と構造機能方法を知るためには、前掲書、社会学理論集（旧）中の第一部、Ⅱ『社会学の体系理論の現在の位置と展望』を見るのが一番よい。この論文は『二十世紀の社会学』Gurvitch and Moore（eds:）, 1945 の中に初めて出たものを再収録したものである。

（6）T. Parsons & E. A. Shils（eds.）：“Toward a General Theory of Action”, 1952

（7）C. Kluckhon：“Values and Value-Orientations in the Theory of Action,” in Parsons & Shils, op. cit., pp.422-3

（8）Hoffer, Eric, “True Believer”, 1951
高根正昭訳『大衆』紀伊国屋書店、1961 年、17 頁

（9）T. Parsons & Shils（eds.）：op. cit.

（10）永井道雄他訳『行為の統合理論をめざして』日本評論社、1960 年
前掲書、273～7 頁

（11）T. Parsons：“The Social System”, 1951. pp.55-6

（12）H. Begson：“Les deux sources de la morale et de la religion”, 1932
吉岡修一郎訳『道徳と宗教』第一書房、1939 年、45 頁

（13）T. Parsons & N. J. Smelser：“Economy and Society”, 1956
富永健一訳『経済と社会』岩波現代叢書、1963 年、53～61 頁
作田啓一他「文化と行動」『今日の社会心理学』5、培風館、1963 年、27～37 頁

（14）文部省編『宗教の定義をめぐる問題』1962 年

（15）堀一郎・池田昭訳『日本の近代化と宗教倫理』未来社、1962 年、339～354 頁

第5章　モーレスとアノミー —社会変化と宗教—

§1　フォークウェイズとモーレス

モーレス（Mores）[(1)] というのは、サムナーの定義によれば[(2)]、集団生活において生活上の必要から集合的に繰り返されるちょっとした行為が、その便利さのために固定化し、因襲化して出来上がった個人の慣習であり、かつ社会の慣習——これをフォークウェイズ（Folkways）[(3)] という——が儀式やその他の宗教上の諸行事、諸観念と絡みあいつつ集団の生活の中に浸透して、次第に伝統的な権威を獲得し、やがて世代の生活を左右する統制力をもち、個人や社会の営む生活を支配する社会的な原動力の性格を帯びるようになったものである。サムナーにとって、フォークウェイズの研究は社会学において生物学における細胞の研究と同一の位置を占めるものであった。フォークウェイズは同一の欲求に直面したときに一定の型の行動または非常に類似した行動をする複数の人間が営む小さな行為が反復して行われる場合に出来上がるものである。個人的な欲求を満たす行動であっても、それが多数の人によって同時に行われる場合には、一種の大衆行動として現れてくる。この大衆現象は、その単一性、反復性という点、広範囲にわたって同時に発生している点などからいってフォークウェイズである。したがって慣習と習慣との間には同一の心理的法則が働いており、その形成過程は類似している。フォークウェイズは、個人の生命の維持とか保護又は生活の安全と満足などに関する人間の欲求をめぐって一連の人々の同一の行動の型を形成する傾向をもっている。そしてこれはその欲求を満たす程度に応じて人々に快楽と苦痛をもたらす。したがってフォークウェイズは人々が環境に適応する手段として、多くの便宜性をもったものとして形成され、その便宜性に応じて変化し存続する。しかし一方、フォークウェイズにはその便宜性だけで説明しつくせないものがある。すなわち、１つには支配階級の強い利害関係から強制的におしつけられた一定の行動が慣習化した場合、また第２に、偶発的な事件や誤った推論、一種の疑似知識に基づいて行われる非合理的な調和のない行動から形成される慣習などがある。また時には非合理な非便宜的な伝統的フォークウェイズが因襲化の過程を経て保たれることもある。

こうした多くのフォークウェイズの中から、あるフォークウェイズが、その社会の人々の安寧に不可欠であり、それがその人達にとって唯一の正しい方法であり、それからの逸脱は災害を招く、という確信が生じたとき、いいかえればそれらのフォークウェイズに倫理的、哲学的な意義が付与されたときモーレスとなる。したがってモーレスとフォークウェイズとの差は質的というよりは程度の差であるということが出来る。道徳は積極的に伝統的権威を獲得し、人間関係のうえに重要性をもっているゆえに支配的となったモーレスであるという事ができる。１つの集団における道徳律は、フォークウェイズに含まれているタブーと命令との総和であるということができる[(4)]。

§2　フォークウェイズ・モーレスと宗教

したがって宗教に伴う道徳や呪術は決して直観的なものではなく、歴史的・制度的・経験的なものであるということができる。たとえば、呪術の発生についてもマレットは『プレアニミズムの宗教[(5)]』において、アニミズムの成立はマナ・タブー型の神秘的な観念または感情がその根源であることを説き、呪術宗教的観念や感情の前に、その行為儀礼が成立するとして、原型的な呪術（ru dimentary magic）は感情や意志の衝動的なあらわれであり、それが集団によって反復される間に目的や効果の観念が現れ、倫理的な意味なども加わってそれが社会の安寧に不可欠であり、それが唯一の正しい方法であり、それが幸いをもたらすという信念が生じ、それからマナ等の神秘力の観念がむしろその効果の説明として発生することを想定している[(6)]。またプロイスは、「宗教と芸術の期限[(7)]」の中で、癒病の呪術や戦勝狩猟などの呪術的な踊りも、本来は本能的な手当や衝動的な表出運動から起こるとしている。またキング[(8)]も、『宗教の発達』の中で、呪術や宗教の起源をその観念的基礎に求めないで、まず最初に儀礼が成立することを主張して、それらの儀礼が、最初は主として実際的活動でない感情的なものにともなう活動行為となって現れ、それが反復されているうちに習慣と惰性によって社会的価値となり、やがて神秘的な力の観念などが説明的にこれに加わってくることを説明している。ベート[(9)]はマレットからプロイス・フィーアカント・キングの説をふまえて、これを整頓し、呪術、宗教の根源を本能的・衝動的な模倣表現に求め、これらの「先呪術的」の行為が習慣となって（フォークウェイズ）、それに呪術的観念が付加され（モーレス）、神秘的な力の観念の発生する過程を考察している。しかしこれに対してフレーザーやラングは呪術の期限を誤った因果観念とその適用にあるとし、デュルケムやユベール・モースなどは神聖な神秘力の特殊の転用が呪術を生ずるとしている。

しかし行為の形式の上からみた呪術の起源が、衝動的な行為や表出運動にあること、そしてまた種々の呪術観念が全体として後に加わるものであることは心理学的にも歴史的にも適当な説明とは言えない。

偶然的な本能運動や衝動行為が、個人的または社会的に習慣となってくりかえされることが、宗教や呪術の成立過程に重要な意義をもっているが、それは幾度か同じ行為がくりかえされているうちに、その行為が単に衝動的な表出運動や自発的な本能行為でなくなり、１つの意思的な行為となるためである(10)。

感情的興奮による衝動的行為や本能の強制によって現れる行為でも、人はある程度まで意志の力によってこれを抑制することができる。１つの感情的興奮の現れとしての行為が、最初の本能的衝動の力なしに習慣的にくりかえすには、行為をくりかえそうとする何らかの意志が積極的に働かなければならない。それが社会的習慣として集団によって行われるときには、そこに感情の社会的伝播があって、各人が多少同様の感情をもち、しかも多数の模倣者によって、少なくとも模倣しようとする意志が働いている必要がある。

そこで呪術的儀礼、および宗教がこの種の行為運動の習慣化から成立することを是認すれば、宗教は１つのモーレスと考えることが出来る。フォークウェイズが社会生活において、生活経験の営みから沈殿する行動様式であるとすれば、呪術儀礼は１つのフォークウェイズであり、そこから昇華した行動基準がモーレスである。それは我々の集団生活における我々の態度や行動を規制する集団のフレーム・オブ・レファレンスであると考えられる。このようなモーレスの中の支配的観念が、モーレスからなる精神的地平に映じた「かげ」を宗教と考えると、宗教はその民族のフォークウェイズ・モーレスから生まれてくるものであり、そこに生活する人々の自然的・経済的諸条件の所産であると考えることができる。宗教におけるタブーは、単なる強制的命令というよりも、哲学的・観念的意味を含んでおり、公衆衛生、または性や家族生活の調整、その他の社会利益に反すると信じられる行動を阻止するために超自然の畏敬に訴える手段を提供するものである。また戒律とは集団の成員がそれぞれに模倣追随の意志をもって、これを承認したものであり、組織全体の承認を得たモーレスである。

フォークウェイズ・モーレスはあらゆる時代を通じて、慣例ないし慣用をその特色とする。技術の進歩の結果、あらゆる階級、および社会の習慣や規範に変化をきたしているが、フォークウェイズは、その形式上の変化にもかかわらず、常にその本質的な特性と権威とを現代社会の中にとどめている。高度に技術の発達した現代の社会にあっては、フォークウェイズ・モーレスはテクノロジーの要求に応じて展開される個人の習慣や集団の習慣として特殊な発達を遂げている。宗教的な観念が、これらのフォークウェイズに意味と権威を与え、テクノロジーに適応する仕方として、人々に行動の方向を与えるモーレスとなり得るためには、その観念が社会に生活する人々に社会的な原動力となるべき性格をもつものでなければならない[11]。

§3 フォークウェイズ・モーレスの機能的側面

ここではフォークウェイズ・モーレスのもつ意味を整理し、それが現代社会において、人々の社会的意識の基礎としてどのように働くのかという点について考えてみよう。

モーレスは先にのべたように社会統制の手段であり、逆に社会の成員の側からいえば、自然および社会への適応の仕方であり、行動様式である。いいかえれば、それは人間の自然および社会に対する標準化されたところの適応型である[12]と同時に、社会統制の手段でもあって、何らかの圧力、強制の存在でもある。

したがって、そこにはモーレスのもつ3つの機能的側面をみることができる。すなわちモーレスは成員の自然環境および社会環境への集団的適応という側面と、成員の社会的統制としての側面をもっている。

前者は人間生活の原初的段階にあらわれるものであって、この段階でモーレスがもつ社会統制としての性格は集団の存続という点でそのときに考えられる唯一のものであり、その意味では合理的なものである。また後者は、社会に階級分化が生ずるに伴ってあらわれるもので、この場合にモーレスがもつ社会統制の内容は集団の統制であって、必ずしも集団の存続にとって絶対無二のものとしてあるのではないということであって、それはいくつかの対抗モーレスを生ずる余地があらわれることを意味している。その結果はもとのモーレスが自然への適応という点で絶対性・合理性を失っていく必然性がみられる。

現代社会においては、もはや１つのモーレスが支配するという姿が完全に失われて、人々は一定の状況の下で行動を起こすにあたってそこには複数個の様式、方向が映ってくる。しかも多くの場合、それらの様式は互いに対立する関係にあるために、全体としてみるときには多くのモーレスが互いに抗争しあっている結果となり、モーレスが本来もっている機能、成員の集団への等質的な帰属ということから生まれる連帯性の形成という機能が極度に弱められる(13)。

次には、こうしたモーレスの自己矛盾の起こってくる原因とそれに伴うアノミーといわれる現象を、社会構造および文化構造というところに焦点をあわせて考察する。

モーレスが自己矛盾におちいる１つの原因は社会の拡大にある。すなわち比較的少数の成員からなる地域社会が各々に独立の単位をなしている状態から、それぞれの地域の間の交流が日常化し、より広い大きな範囲での社会が成立するようになると、各地域で支配していたモーレスがいずれもこの新しい社会全体を支配出来なくなる。したがってそこからは全く新しい、既存のどの地域のモーレスにも、特別の基礎をおかないような普遍的な価値体系があらわれ追求されるようになる。啓蒙思想や極度に合理化された新宗教運動に示されているような原理がそれである。

しかし社会の成員にとっては、普遍的な新しい原理に急速に同調することが出来ず、古くから各地域社会に支配しているモーレスに刻印づけられ、それにのっとって行動する場合が多く、そのために新しい規模で成立してきた社会では、普遍的抽象的原理が廃退したあとは、異質の、そしてしばしば排他的な多くのモーレスが渾然としており、また他方その成員にとっても彼らが保ちつづけているモーレスのどれも新しい規模の社会の条件には、決して充分で有効なものではないため、不安におびやかされるようになる。こういう社会では異質的なモーレスがあまりにも存在しつづけているためにかえってモーレスが存在しないにひとしくされている。

一方、新しい規模で成立した社会では、その社会の全成員を包括的に帰属させるモーレスがにわかに出来あがることはないから、これら成員のパーソナリティの特定部分だけに関係することで新しい規模に対応しようとする集団が発生する。いわゆる機能集団である。社会が複雑になり、人間の欲求が多様化してくると、機能集団発生の傾向はますます強められていく。そしてこうした機能集団への分化は成員の行動様式に統合性を失わせる結果を招き、そのために成員ははげしい不安感におそわれるようになる。

また、現代社会の急速な変化のためにモーレスは適応型としての性格を著しく減退させられる。そのためにモーレスは存在しながら、機能的にはほとんど存在しないにひとしい現象が生まれる[14]。また先述した如く、機能集団の分化が極に達した現代社会においては、人々はいずれの場合においても複数の集団と関係を結ぶことによって生活している。したがってこれらの人々にとっては自分のかかわっているそれぞれの集団のモーレスを等しく受け入れて行動することになり、さまざまなモーレスが一貫性をもたないで内面化されることになる。その場合にはある集団に関係している間は特定のモーレスだけが働き、他のときには別のモーレスが働くという形をとるようになる[15]。

いいかえると成員はどのようなモーレスによって行動しているかということではなく、時と場所に応じてどのモーレスによって行動するかということになり、全く自立性のない中和された人間の性格が生まれてくる結果となる。またこのモーレスの内面でのとりかえは、文化遅滞によって起こる古いモーレスと新しいモーレスとの間にも行われ、ここにも一貫性の欠如が生まれる。

こうしたモーレスの機能減退の過程が続くにつれて、その社会は不安定となり、いわゆるアノミーという状態が出現する[16]。

§4　社会構造とアノミー

アノミー[17]という言葉はデュルケムによって社会学の分野に採り入れられ、伝統的な価値体系が崩壊し、支配的であった基準がその正統性や権威を失った状態をさすものとして用いられている。そして最近ではパーソナリティの分裂状態を指すことばとして、「心理的アノミー」という概念が用いられてきているが、それはマッキーバーの定義に従えば、「社会的結合力に関する個人の意識――これこそ個人の意欲を奮い起こす原動力であるが――を粉砕しきっているか、もしくは致命的にまで衰退しきっている精神状態をいう[18]」のであって、それは在来の価値規範を内面化したパーソナリティ（信念体系）と、現在の社会的規範との間に不均衡が生じたことによっておこる心理的な逸脱の状態をいう。

リースマンはアノミー型のパーソナリティを設定して、不安・孤立感・帰属感や目的の喪失などがこの種のパーソナリティの特色だとしている[19]。

またホーナイは個人の欲求傾向を充足するための行動の総括体系と、社会的期待を表現する規範的秩序との間の不調整によって生ずる個人の不安を現代の神経症的傾向と呼び、そこに見られるパーソナリティの型を「神経症的パーソナリティ」と名づけている[20]。

この場合、ホーナイはアノミーの原因を「現代文化」という社会体系の上部構造に求めるのに対して、フロムはそれを独占的段階にある資本主義の経済的下部構造に求めている。

彼によれば、「人間の資質や能力はパーソナリティ市場でのある一定量の交換価値に還元され、その結果、人々は自己を一商品として、あるいはむしろ売手であると共に売られるべき商品として経験する[21]」。たとえば経済の面では、労働者としてよりも労働力として、また政治の面では、選挙民としてよりも票として、人間を均質的単位におきかえる過程が支配的となる。ここでは人間が自己を富の担い手として経験するのであり、これはマルクスの言う自己疎外という状態である。このような環境世界における人間の自己疎外に対応して、個人の内部にも自我と欲求機構との間の心理的疎隔が生ずる。そしてそれはノイマンの説く如く「産業社会の発展と共にますますひどくなり、やがて不安を生みだす[22]」。

現代の資本主義制度のもとにおける生産に支えられた大衆社会においては、一方では階級社会の必然的結果として自己実現の機会が著しく制限され、狭められているのに対して、他方では大衆文化を通じて、絶えず幸福の刺激と幻想の提供が行われているため、人々の「幸福と自己実現」に対する執着が高まる一方である。こういう状況においては、人々は「自己実現」を達成するためには、この状況を打ち破るべき積極的な逸脱の方向をとらないかぎり、あるものは自己を放棄して渾沌とした環境への同調の方向をとり、またあるものは「自己のためのたたかい」を維持してゆくために、生産的な自己実現の機会が閉ざされている現実の環境を放棄して、夢想的な世界に自己を閉じこめるようになる。またあるものは、環境への積極的な同調を行うこともなければ、また積極的な拒否を行うこともなく、環境と自己との不調整のままに無力感にひたされた生活をつづけている。

一方、デグラチアの言う「共通の価値や信念などの破壊あるいは欠如を示す共同体[(23)]」を社会的アノミーと言うが、マートンは文化的目標と制度的規範とのギャップに社会的アノミーを認め、「文化的に規定された志望とこの志望を実現するための、社会的に構造づけられた通路とが結びついていない兆候」から常軌を逸した行動が生まれるとして、それを中心的な仮説においてアノミーを説いている。彼によれば「現代文化は、文化的に是認された各種の目的に各人がその情緒的確信を傾注する反面、こうした目的達成のための規定された方法にはほとんど情緒的支持を与えない文化である。このように目標と制度的手続との強調との度合に差異があって、前者が強調されるあまり後者がふみにじられ、その結果多くの人々は、技術的手続だけを配慮して行動するようになる。こうした脈絡においては、唯一の重要な問題は、文化的に是認された価値を獲得するのに、どのような手続がもっとも有効に利用しうるかということだけになる。技術的にもっとも有効な手続は、文化的に正当なものであると否とを問わず、通例、制度的に規定された行為よりも望ましいものとなる。こうした、モーレスや制度的規定の衰耗過程が続くにつれて、その社会は不安定となりアノミーが出現する[(24)]」。そこで以上述べて来た、心理的・社会的アノミーは何らかの形で収束されなければ、社会は極度の不安に陥り、個人はみずからによる生の放棄に至ることはすでにデュルケムの述べているとおりである。

心理的アノミーの収束の方向にはフロムのあげた[(25)]、①自己と環境との自発的一体化という方向と、②自己の放棄という２つの型の他に、③環境の是認という型をあげることが出来る。すなわち、①の場合は体制に従順な心「小羊のようなやさしい心」（ミルズ）をもってブルジョワ的な価値規範の中和化を望みながら、他方ではもっぱら「犠牲の精神」（フロム）

をもって自己の欲求を統制しつつ、結局において「あきらめの心」を抱いて、そのような制度的秩序に適応してゆくというやり方であり[26]、②は「社会的自我」と「個人的自我」の統一を放棄し、環境の支配的なパーソナリティ様式を採用することによって、環境と自己との間の分離を収束しようとするものである。ここでは自己の無力感・劣等感を克服するために、一方では強力な権威をもったボス的存在と情緒的な一体化を行い、この上の権威に対してサディズム的服従を通じて、自分も権力あるものの如く妄想して、下の者に対してみずからを、権威の主体として提示し、これにマゾヒズム的攻撃を加える。また自己放棄の仕方には、外部の文化的・制度的秩序を彼自身のパーソナリティの統括体系として全面的に受け入れ、社会的期待に完全に同調することによって、内面的世界に生じた分裂を克服する方法がある。このように自動人間化された個人が環境と自己との間の均衡を回復しようとするメカニズムは、内在化された権威としての良心よりも、権威である他者、封鎖的集団、マス・メディアなどから発せられる信号に従って行動する同調型の人間を生む傾向があり、事実、こういう型の人間が現代の大衆社会において最も代表的な地位をしめている。

今日の大衆社会においては、成員の示す行動様式は、それらの集団が所有するモーレスよりも、マス・メディア[27]の提供する内容に求められるばあいの方が多い。なぜならばマス・メディアは「疎外的労働によって分裂させられたパーソナリティ」をもつ人々にとって、マス・メディアの提供する娯楽や、余暇を利用する機会は、「失われた自己」に情緒的充足の補償を与え、またある意味でのパーソナリティの統一を与えるものだからである[28]。

③また以上とは逆に、分裂したパーソナリティ内部で、欲求の統一体としての「個人的自我」に強く絡みつき、社会的期待の対応物としての「社会的自我」を極小化するという形での心理的アノミーの収束法がある。こ

れはマートンのいう「儀礼型[29]」の逸脱行動をとるもので、そこでの適応の型は「金銭的な大成功やとんとん拍子の立身出世をめざす高遠な文化目標を放棄するか、または切り下げて、そのかぎりで自己の志望を果たすことである」。こうした適応型は、社会的地位が当人の業績によって大いに左右されるような社会で多く見られる。そこでは人々が無気力となり、型にはまった行動をとる。社会的儀礼主義者は、「自分ででしゃばったことをしない」「穏便に事を運ぶ」「ただ与えられたもので満足している」「大望をもたなければ失望することはない」という人生哲学を奉じて行動する。そこに見られる一貫したテーマは、大望を抱くと欲求不満や危険が生じ、志望を引き下げれば、満足と安全が得られるということである。それは、主要な文化的目標をめざす競争に必ずつきまとうと思われる危険や欲求不満から個人的にひそかに逃避しようとするために、こうした目標を放棄して、安全な慣例や制度的規範にますます固執するところの適用様式である[30]。

また一方、現代資本主義社会において、社会的アノミーはどのような形で収束されているだろうか。根本的なのは人間の自己疎外を生みだす資本主義的生産関係を変革することであるが、それは現在の支配体制の自己否定を意味するものであるため、とり得ない方法である。しかしほっておくわけにはいかない。なぜならば社会的アノミーは本来、欲求機構と制度的秩序の矛盾から生じたものであり、それは潜在的か顕在的にか現存体制からの逸脱とまたそれに対する反抗を含んでおり、反体制運動のかかげるシンボルを容易に受容する可能性をもっているからである。

そこで支配体制がとる社会的アノミーの収束方法は、矛盾を生みだす客観的状況を変革するのではなく、矛盾と感ずる主観的状況を変革することを目的とした方法がとられる。そこでは「個人が自動人形となり、自我を失いながらも、しかもなお同時に、意識的には自分は自由であり、自分にのみ従属していると感じるような[31]」同調行動を造り出すことが目標とされる。ゼルズニック[32]はその方法として管理的装置とシンボル操作とをあげている。

前者は官僚的組織のなかでアノミーに陥り、モーレスを失っている人間に対して行われるもので、生産過程における人間と機械の倒錯という関係によって生ずるさまざまな疎外間隔を感覚的レベルで固定化し、これを心理学的手段によって、情緒的に鎮静し、「人格化」するという仕組のものである。

また第2のシンボル操作によるアノミーの収束法は、現代の大衆社会においては、体制・反体制のいかんを問わず、もっとも正統な、そしてまた有効な統合手段として用いられている。一般に「操作とは、秘められた、あるいは非人格的な権力の行使であり、それによって影響を受ける側の人間は、自分が何をしているかをあからさまに語ることができないのに、他人の意志に従って行動する[33]」ようにしむけるものである。すなわち、大衆の心理的にうずいているものを刺激して、自分達に都合のよい方向へと誘導することであって、「大衆に『実際に自分たちが決定を行ったのだ』と思いこませる[34]」ことを目標とした「心理的搾取」の体系である。支配体制の行う操作の目標は、つねに状況に適したシンボルをさまざまに使いわけながら、個人の心の中に分け入り、心理的アノミーの源泉となっている衝動的な個人的自我にまで達し、その不満や不安を一時的に睡眠させながら、逆にそこから自発性を引き出して、個人が社会へ自律的に参加する動機をあたえるものである。

§5　アノミーと宗教

宗教はパーソンズ[35]の社会体系の図式によれば「動機づけ」に位する

もので、それは文化価値によって規制され、社会の成員の立場から見て、充足価値として位置づけられる。

日本において仏教や儒教は集団の首長への報恩に高い価値を与えたが、それは宗教の本質である究極的実在との合一の世俗化、集団化された形態である。日本では特に、宗教（仏教）が強く集団の諸要請に吸引され、集団活動の正当化の機能を果たしてきたために宗教の中枢的部分までが著しく世俗化し、文化のモデルとしての機能を果たさなくなった(36)。日本の宗教は禁欲と勤勉を価値づけることによって「経済」体系内での活動を動機づけ、家単位ではあったが利益主義を励ました。しかしここでの業績価値は、ピューリタニズムの場合のように、救済という充足価値に強く結びつかないで、献身＝報恩価値によって正当化される傾向が強かった。また日本の宗教は、身分階層性によって貫かれた細いニュアンスに富む儀礼的慣習（フォークウェイルズ・モーレス）を聖化し、共同体的結合への埋没を賞揚した。しかしそこでの和合価値は、中国の儒教の場合のように、集団超越的・普遍主義的な「道」の秩序としてではなく、むしろ報恩の一手段として位置づけられていた。

しかし太平洋戦争の敗北を境にして、戦前まで、日本人の行動の規範であった個別主義的な献身価値と和合価値との重視が、戦後の経済を中心とした産業社会の発展にともない、個人の自由な活動を要求するようになって、普遍主義的な、業績価値と充足価値が重要視されるようになり、個人は生活のレヴェルで自由に私的な幸福を追求するようになった。現代ではとくに支配機構が強化され、文化的目標に対して、社会的に構造づけられた通路が結びついていないために、人々はもっぱら私的充足にコミットしている。それにもかかわらず、欲求の昇華の機能を果たす規範としての宗教が戦後著しく無力となったために、生物学的な欲求の直接的充足を制限し、そのエネルギーを文化的思想の追求や人格の完成に向かって通路づける道が閉ざされ、一種のアノミー状態が出現している。

それでは、こうしたアノミーの状態にある社会ではいかなる宗教が展開するのだろうか。

それは心理的アノミーの源泉となっているものをキャッチし、その不満や不安を解消させながら、または一時的に睡眠させながら、逆にそこから自発的に個人が社会へ参加して行こうとする意欲と動機を与え得る宗教である。

たとえば戦後の日本社会は特に充足価値が強調され、アメリカ文化に刺激され[37]、また著しい経済成長にともなって、金銭的成功の目標が日本文化に深く浸透して来た。そこで両親は子供が有名な学校を出て大会社に入り、金銭的な成功を得ることを期待して育て、子供は高遠な理想を追求することよりも、また仕事に一生をかけることよりも、経済的に豊かな平和な家庭を築くことによって、私的な充足に満足を得ようとする。

牧口が創価教育学の哲学的思想体系の最初に「利」を置き、戸田が日蓮正宗の教権を根幹として御利益とバチといわれる事実を価値と反価値として説明し、かつこの２大原則は日蓮上人の仏勅にもとづくものとして権威づけ、体系づけることによって、戦後の人々に行動のモデルを提供し、たくみなシンボル操作と宣伝によって創価学会がまたたくまに多くの信者を獲得して、大教団にのし上がって来た事は変動期の人々の心理的アノミーを収束して行く方法の１つとして宗教が働く１つのモデルと見ることが出来る。

[第5章・注]

(1) W. G. Samnerがラテン語から採用した言葉で、ラテン語の〈mores〉は、福祉に役立ち、伝統的、秘儀的に承認を得たという観念を含んだ広く豊かな意味内容をもつ慣習という意味に使われていた。フランス語の〈moeurs〉、ドイツ語の〈Sitte〉はいずれも、その意味内容が不完全であり、英語にはこの言葉がないとして、これを社会学の術語に採用した。

(2) W. G. Samner, Folkways：“a study of the social importance of usages”, manners,customs,mores and morals. 1907.

(3) フォークウェイズについてはサムナーの前掲書の他、
S. H. Britt；“Social Psychology of Modern Life”,1951.
W. L. Warner and P. S. Lunt；“The Status System of a Community”,1942.
W. L. Warner and P. S. Lunt；“The Status System of a Modern Community”, 1942.
等に現代社会におけるフォークウェイズの果たしている機能についての理論が展開されている。

(4) 本間康平「フォークウェイズ」有斐閣『社会学辞典』参照

(5) R. R. Marett, “Folklore Jue”, London, 1900, pp.162-182. 所収

(6) 石津輝璽「宗教経験における超自然的なもの」『宗教経験の基礎的構造』1968年、創文社の中で、マレットのマナ・タブーの理論が詳しく展開されている。

(7) T. K. Preussは1904年から1905年にかけてGlobus誌にこの論文をのせ、呪術的所為、本来は本能的な手当や衝動的な表出運動から起こり、それが継続的に、集団によってくりかえされている間に社会的な規範になることを述べている。

(8) J. H. King；“The Development of Religion”, pp.113-118. この書に展開されている理論は、宇野円空『宗教の史実と理論』355頁によく紹介されている。

(9) Beth, “Religion und Magic bei den Naturaolkern”, Leipzing, 1914.

(10) 宇野円空『宗教の史実と理論』昭和6年、374頁

(11) W. G. Sumner, op. cit.
Sumner and A. G. Keller, “The Science of Society”. 4vols., 1927-28.
H. W. Odum, “Understanding Society”, 1947.

(12) J. Dewey；“Human Nature and Conduct”, 1922.

(13) 真田是「モーレス・フォークウェイズ」『講座社会学』3、東大出版会、1965年

(14) H. A. Bloch, “Disorganization-personal and social”, 1950.

(15) R. K. Merton, “Social Structure and Anomie”, in Social Theory and Social Structure, 1949.

マートンは、社会から教え込まれる諸目標にもかかわらず、現実にはそれへの道すじ、手段が全く見当たらず存在していないという矛盾として反映するアノミー的現象が出現することを述べている。

(16) S. Riemer, “The Modern City-An Introduction to Urban Sociology”, 1952.

(17) 作田啓一「アノミーの概念」『社会学評論』1954年、高橋徹「大衆心理の操作」東大出版会『講座社会学』。

(18) R. Maclver, “Democracy and the Economic Challenge”, 1952.(邦訳・114 − 115頁)

(19) D. Riesmann, “The Lonely Crowd”, 1953.(佐々木・鈴木・谷田部訳『孤独なる群集』1955年、みすず書房)

(20) K. Horney, “The Neurotic Personality of our Tim”, 1951. pp.284 ff.

(21) E. From, “The Democrasy and the Economic Challenge”, 1952.

(22) F. Nwumann, “The Democratic and the Authoritarian State”, 1957. p.274.

ノイマンは「現実的不安」と「神経症的不安」とを区別する。前者は、外的対象の脅威の反動としてあらわれるものであり、後者は、現実的基底をもつとはいうものの、自我を通じてその内部で生ずる反動であるという。

(23) S. De Grazia, The Political Theory and Social Structure ; a study of anomie, 191-8.

(24) R. K. Merton, Social Theory and Social Structure ; Ch. Ⅳ. “Social Structure and Anomie” pp.125-149, 1949.(森・金沢・中島訳『社会理論と社会構造』1961年、みすず書房)

(25) E. Fromm, Escape from freedom, 1941.(日高訳『自由からの逃走』1951年、東京創元社、158 − 159頁)

(26) 根本において自己疎外を認めるような規範に協調するというやり方では、真の統一がもたらされない。むしろ、現在の資本主義社会に支配的な「文化的価値」と「制度的手段」のいずれをも拒否し、同時に新しいプロレタリア的な価値や手段をもった集団へ自主的に一体化するという、マートンのいわゆる「反逆型」の適応様式こそが問題の正しい解決を与えるように思われる。

(27) W. Sohramm (ed), Mass Communications, 1949.(学習院社会学研究室訳『マスコ

ミュニケーション』創元社、1954年参照）

(28) C. W. Milles, White Collor, 1951.（杉政孝訳『ホワイト・カラー』東京創元社、1957年、219頁以下参照）

(29) マートン、前掲書、139頁
R. K. Merton, op. cit., p.139.

(30) ibid., pp.138-144.

(31) E. Fromm, op. cit., p.217.

(32) P. Selznick, The Organizational Wepon, 1952. p.288.

(33) C. W. Milles, op. cit., p.109.

(34) ibid., The Power Elite, p.117.

(35) パーソンズの構造理論における集団のもつ機能的要件と価値の種類の図式については、拙稿「構造機能理論と宗教」駒澤大学宗教学研究会『宗教論集』1967年、13頁参照。

(36) R. Bellah, Tokugawa Religion, 1957.（堀一郎他訳『日本の近代化と宗教倫理』未来社、1962年、188頁参照）

(37) R. K. Merton, op. cit., p.126.

第６章　宗教と経済 Ｉ

§1　伝統社会における宗教と経済
—経済活動における呪術のもつ意味—

伝統社会においては、物の配分は大部分、人間相互間の非経済的な関係——すなわち血縁集団のなかでの地位、あるいは人間集団のなかでの功利主義の原則にもとづかない形式——によって統制されていた。すなわち伝統社会においては、経済活動は氏族制・親族制といった中に埋没し、それに導かれていた[(1)]。単純な社会における経済活動の研究は、主として、人類学者によって進められて来たが、それらの研究はすべて生産と交換の領域に集中している。たとえば、マリノフスキーは親族制や族長制が、生産や交換にさいして、人々を特定の経済活動にとりかからせるための決定的な意義をもっていることを認めている[(2)]。マリノフスキーによれば、ニューギニア群島の土着部族の間では、生産活動に明確な分業があるにもかかわらず、各個人は、特定の仕事に応じた賃金の支払いを求めて労働を提供するのではない。彼らにとって経済活動のねらいはむしろ、「族長または首長に対しては生産物の所有権という肩書を提供することにあり、彼の配下の全共同社会には生産物を使用する権利を提供することにある[(3)]」。生産の領域においては、「共同の労働は……義理の親類の……義務にもとづいている。すなわち、１人の男の義理の親類は、その男が彼らの協力を必要とするときにはいつでも彼を援助しなければならない。族長のばあいには大規模な手助けがあって、村全体が出動する。普通の人のばあいにはほんの2、3人が手助けするにすぎない。仕事が終わったあとでいつも食物がくばられる。しかし、これは支払であるとはほとんど考えられない。なぜなら、それは各人が行う仕事に応じていないからである[4]」。

マリノフスキーはまた、経済活動を行う場合に呪術が有する意義を強調している。

カヌーの製造には、それぞれの段階ごとに呪術的儀式をともなっている。マリノフスキーはいかなる未開民族も自然の働きと人間の欲求に合致させるように自然を統御する手段についての、近代的な科学的知識に比すべき、技術的知識をもっていると考えた。この知識を未開人は、彼らがのぞむ成果（ヤマイモの収穫、魚の捕獲等）を得るために、全く実際的なやり方であてはめる。しかし彼らの技術は、成果が確実に得られるほど効能はない。たとえば畠に適当に種をまき、草をとり、耕作者が最善をつくす時に、旱魃や虫害が彼をおびやかすかもしれない。このような事態の下で、未開人はわれわれが不安――成果が語られないかも知れないという恐れに結びついた成果に対する願望――とよぶ感情を感ずる。そこで未開人は、彼らに幸福をもたらすといわれている呪術的儀式を行う。これらの儀式は、エネルギーと決断力をもって実際の仕事を可能にする自信を人々に与える。不安の伴う経済活動と儀礼は相伴うことをマリノフスキーは明確な観察の中で明らかにしている。トロブリアンド島の漁業と呪術について、彼の報告は、内陸の珊瑚漁業は、危険なく確実に沢山とれる毒殺の方法で行われるが、海岸では収穫があらかじめ漁群があらわれているかどうかによって大きく変わる危険な漁業の方式と型がある。珊瑚漁業では、完全にその知識と技能に頼れるから、呪術はない。それに反して、海上漁業では、多くの危険と不確実さがあり、安全を保ち収穫を保証するために広汎な呪術的儀礼がある[5]。またポリネシア人は、ただ合理的な方法でカヌーを作ることだけでは満足せず、ある霊的なものによってその安全が保たれ、木食虫によって船体が食い荒らされることを防いでもらえるものと信じている。彼らはさまざまな宗教的、あるいは呪術的儀礼を行うことによって、カヌーを霊的なものにささげ、その安全と幸福とを祈る。

マリノフスキーの解釈によると、この呪術は充分に熟練した職人の技能を補う力であり、他方彼らに仕事の成功を確信させ、同時に自然の定めた統率者（natural leader）をあてがう、という心理的影響を与えている[6]。

§2　経済活動における社会的側面

また経済活動に非経済的変数がはいりこんでくることは、交換の領域で、よりいっそう明瞭に現れている。マリノフスキーは純粋な贈与というような諸形態を明らかにしたが、それには夫と妻、親と子のあいだの（返礼の期待をともなわない）贈り物がふくまれている。提供されたサービスに対する支払いをふくむような形態の交換でさえ、慣習によって厳格に規制されている。さらに他の場合には有形財が特権だとか、肩書といったような非経済的種目のもののために取引される[7]。このような型の交換は従来の経済学における供給と需要に関する理論では説明することが出来ないことは、マリノフスキーがくり返し指摘しているとおりである。

またマルセル・モース（Marcel Maus）も、儀式的な交換の型について述べているが[8]、彼もまたマリノフスキーと同じように、伝統的な交換を純粋に功利主義的もしくは経済的な見地から解釈することは不可能であるとみていた。むしろ彼は、贈与を、親族単位とか部族の象徴的な相互拘束であるとして強調している[9]。そのうえモースはこれら原始的な現象の「全体的」性格を強調した。

そしてその現象が法的であり、経済的であり、宗教的であることをみとめている。すなわち、それらは個人的権利および集合的権利といった系統だてられた道徳および拡散的な道徳に関係しているという点で法的である。またそれらは階級にも、また氏族や家族にも関連をもつ存在であるがゆえに、ただちに政治的であり、また家政的である。さらにそれはアニミズム、呪術といった宗教的心性に関係しているから、宗教的である。また、価値、効用、利子、奢侈、富、獲得物、蓄積、消費、豊富かつ豪華な支出などのような一般概念が存在している点では経済的である[10]。

ファースは、ニュージーランドのマリオ族とティコピア族のモノグラフにおいて、分業、所得、資本、分配、合理的な計算に関する見解を系統だてている。彼はこれらの活動が族長制、親族制、呪術、威信の体系などの動態によっていかに条件づけられているかを示した[11]。また彼はマラヤの漁業の経済構造に関する業績[12]において、経済活動のある領域、とりわけ取引と信用は――経済活動の他の領域、たとえば生産と労働の供給が、家族的、宗教的、その他の非経済活動的諸変数によって強く影響をうけているにもかかわらず――技術的な経済学の分析にいかに用いられるかを示している。

このような人類学的研究は、未分化もしくは半分化の社会における経済活動を分析するためには、複雑に分化した西欧社会で出来上がった技術的な経済学とは異なった種類の理論が必要であることを示唆している。

経済学における一般的考え方では、財とサービスの交換は市場のなかでおこるという仮説がある。しかし市場が支配している近代社会においてさえ、われわれは供給と需要、価格、利子、利潤、地代、さらに経済的利益の合理的計算といった伝統的な経済学的カテゴリーによる分析をうけつけないような、いくつかの交換の形態に出合う。たとえば、花嫁とか赤ん坊への贈り物、宗教的施設や教団に対する寄付、葬式の香典、また寺院の普請の時などに見られる信者の労働奉仕、ごちそうのしたくをする友人の奥さんのサービス、「好意」――これらすべてが潜在的市場価値を有する財およびサービスの交換である。しかしながら、そのような交換においては支払いを申しでることは不適当であり、かつ無礼である。そのうえ、この種の交換のなかにいわれるような計算は、いずれも経済的利益の計算にもとづいて行われるというよりも、社会的互酬行為における、あるいは地位を求める場合の「合理性」にもとづいて行われるといった方がよいものである。慈善だとか累進課税による富の再分配もまた潜在的に市場性を有する商品を交換することだといえる。公共的目標に対する経済資源の動員は、経済至上の干渉なしに経済財とサービスの移動をまねくものである。

以上に見られる３種類の交換は、市場のなかにおいて、生産、価格、および所得の水準に影響を与えているが、しかし、市場という概念は交換の本来の意義を明らかにしてはいない。

ポラニーと彼の協力者たちは[13]、経済活動が３つの主要な交換の型になることを示している。互酬的と彼らが呼んでいる第１のものは、家族や、氏族、および部族のあいだの儀式化された贈与によって例証される――たとえばマリノフスキーやモースによって分析されたように。日本農村に思い出される、共同体的労働奉仕、および僧侶の社会事業的労働奉仕、信者の宗教施設に対するサービス、神社仏閣に参拝する信者の投げる賽銭、などにみられる交換の型に経済的計算、価格の支払い、賃金などといった概念が存在しない。財とかサービスは伝統的にそうなのだという理由で与えられる。計算の唯一の原理は、財やサービスの授受が交換の当事者のあいだで、結局は「釣り合う」べきであるというばくぜんとした原理である。

交換の第２の型は再分配的なもので、現代における例としては組織的に行われる慈善事業や累進課税がこれにあたる。この再分配的なパターンも互酬的交換のばあいと同じく、経済的算定や代価の支払いが存在しないことによって性格づけられている。

そして交換の第３の型は近代西洋的文明社会において発展したもので

あって、たんに交換と名づけられている。この場合経済財とサービスは市場という文脈のなかにもちこまれる。

価格は、伝統を基礎にして標準化されているのではなくて、経済的利益を得るための交渉から生ずる。ポラニーらは、とおりいっぺんの経済的分析はたんに交換の第３の型をとり扱うための装備をととのえているにすぎず、したがって、非経済的文脈にはめこまれている交換組織を分析するためには、種類の違った経済理論が必要であると述べている。事実、再分配的および互酬的組織は、経済活動それ自体よりも、むしろ、宗教制度、家族制度、社会成層、政治組織などを検討することが必要である。

宗教制度の中に含まれている交換の型は第１と第２のパターンに属している面が多く、非経済的な関係によって、財および労働の交換が行われていた。

たとえば、仏教における布施の行為は上述の第１または第２の型に属する交換の例である。仏教には古来、無遮会と呼ばれる行持がある。それは五年祭りとも呼ばれているが、国王や貴族が５年に一度、階級の区別なく、あらゆる者に食物を施した斎会である。これは後に出家、階級の別なく、等しく財宝二施を施与する法会となった。この法会は中国や日本でも行われた古い記録がある[14]。

それは種族社会の分配の様式が、宗教的儀礼となって残されたものと思われるが、大乗仏教になると、この施与は菩薩道の重要な徳目とされた。教団は民衆から多くの寄進を受け、施与された財は教団の運営、僧の生活費を除いて、民衆に再分配された。ただしこの場合すべての財は公共のものであって、なんぴともそれを独占することが出来ない、というのが初期大乗仏教教団のとった根本的な立場であった。ただし生活をしてゆく上に必要限度の私有財産を所有することは認められている。そしてその場合も応分の均等配分をたてまえとした。そして出家修行者が死亡した時は、その私有財産は教団に再び帰属することになっていた。

伝統社会から現代社会への変化において、特徴的な機能の専門化と密接に関係しているのは交換制度の発達である。この交換制度は、時代を経るにしたがい、次第に伝統的な社会における地位から分離していった。「市場」は、人々がはっきりとみとめられた利益を率直に求めて、誠実さと一定の手続という既定の規則だけにしたがうことで、物品の交換を行うことから発展する。

分配の基礎としては、「契約」が「地位」と置き換わる。市場――すなわち、取引を統制する契約関係――の発展は、合理的な計算と長期間にわたる合理的行為の発展をもたらした。マックス・ウェーバーは次のようにいっている。「行為の『合理化』の過程のうちで、もっとも重要な点の1つは、古代からの習慣を無批判的に受け入れていくかわりに、自己の利益にもとづいて、その情況に意図的に適応していくことである[15]」。

社会的地位ではなく、通貨にもとづく市場の関係は、伝統的な人間関係に、かなりの非神聖化をもたらした。合理化され、拡張された商業取引は、地方的な閉ざされたものの考え方の崩壊をあらわすものであった。このような合理的な計算と行為をふくむ方法によって経済的な利益を追求していくことは、人間がその環境の諸条件に対する支配力の非常な増加を意味していた。このようにして市場経済の発展による利益の追求は宗教の世俗化の過程に貢献した。宗教の世俗化は、人間の思索のなかで神聖なるものの占める領域が狭められること、そして考え方に合理性が増大することの双方をふくんだものである。それは思想の変容と社会の変質の双方にかかわるものであった。なぜならば、それは人間の思考形成と基本的な活動の両方にわたる変化をふくみ、その結果、社会の構造上の変化をもふくんでいるからである。各種の現世的行動がもっぱら行われている都市社会は、人々の考え方の形成や様式が変わるうえでの社会構造上の基礎として発展した。最初の商業を中心とし、のちに工業を基礎として形成された都市社会は、根本的に、反伝統主義者たちの活動の発展したものであった。

しかし都市の生活はふたたび伝統化して行く傾向があるし、宗教はしばしば、これら都市の世俗化を促進したり、また逆に世俗化にともなうものの考え方を受け入れもした。

中世ヨーロッパにおける大学や都市のきわめて宗教的な生活は、キリスト教精神から生み出されたものではあったけれども、それは世俗化を促進した場でもあった。宗教は知的生活、芸術、政治生活、そして実業界での活動さえ後援した。このことは仏教の歴史においても全く同様の例証を見ることが出来るが(16)、それらは、すべて世俗化への過程を早め、それに貢献した。しかし宗教はまた反対の立場にも立っていた。たとえば、中世や近代初頭における経済生活において、協会は——宗教改革以後はカトリックもプロテスタント各派もふくめて——だいたい伝統的なかたちでの倫理的な相関性の枠外で利益を追求しようとする経済的活動には反対した(17)。一般に仏教も含めて、宗教は、経済的な自己利益に関して、社会的、倫理的な制限から解放された経済活動の発展には反対していた。ヨーロッパにおいては、「資本主義の精神はあらゆる種類の宗教にとって異質なものであった(18)」。仏教も同様に公共の福祉よりも個人の利益を優先的に考えたり、また、個人の利益を隣人を傷つけてまで追求するような態度には強く反対している。

§3　経済活動を動機づけるものとしての宗教

マックス・ウェーバーは、合理的な経済的活動を促進するさいに、宗教が独自の意義を有することを分析した著名な学者である。彼の主張するところによると、プロテスタンティズム、とくにカルヴィニズムのうちで高度に発達した現世的禁欲主義の諸テーマは、社会的な、また文化的な、そしてまたとくに経済的な環境の合理的かつ組織的支配に対して、人が高い価値を与えるのを促進したという。ところが一方、偉大な東洋の宗教——とくに古典期の中国と古典期のインドの——は、経済的利益を合理的に追求するのを促進させるような文化的な枠組みを提供しなかった[19]。明らかにウェーバーは、宗教と経済活動の関係について一方的な原因を示す見解に賛成の主張をするようなことはなかったが、そのかぎりにおいて、彼の分析はカール・マルクスのそれとは対照的である。マルクスは宗教的信念は上部構造の要素であり、したがって一般社会の経済的構造のなかで作用する力に依存するものとして扱った。「ウェーバーの命題」は、宗教組織のもつ経済的なものとのつながりについての分析をおおいに刺激したが、それはウェーバー自身が研究したところのものとは違ったかたちで行われた。ウェーバーはブルジョワ的な職業環境に特有の精神を「資本主義の精神」と呼び、この精神がカルヴィン派およびその他のピューリタンの倫理を基礎として発展したものであるとみなしている。彼によれば、カルヴィン派の人々にとっては、世間的な職業生活は正しい信仰の確証の場、すなわち神の恩寵を感得する場であった。彼らにとっては職業労働そのものがまさしく召命、すなわち神の栄光の顕示と讃美のためにはたされる行為であり、霊の救いを獲得するのに適した手段であるのみか、神による永遠の選択の確かなしるしとして必要欠くべからざるものであった。

ピューリタニズムの世間内禁欲と職業すなわち召命の教義は、一方においては、所有する財の享楽的消費を罪とみなすことによって、禁欲的な倹約を強制し、他方においては、職業労働を神の召命とみなして、生産による財の獲得の努力を伝統的な倫理の一切の束縛から解放するとともに、利潤獲得の行為を合法化するのみか、神の意思にもとづくものとすることによって資本蓄積の心理的な前提となった。

このウェーバーの分析は経済活動を促進したり、抑制したりする独立変数として宗教がどのような影響を与えているかを観察したものである。

一方、ベラはウェーバーの研究を出発点として宗教の経済に対する影響を、宗教的な影響をうけた政治体制および家族の概念によって直接示そうとした。ベラによれば、宗教は中心的価値体系の形成に寄与した。すなわち宗教は主として２つの方法で中心的価値体系を補足し、強化することに機能した。第１は、家と国とが宗教的本質を持つから親とか政治的権威にたいする義務を履行することになり、究極的な意味が与えられ、未来の祝福と保護が保障される。第２に、自己の職業を天職ないしは職分として受けとり、これに対して自己を無にして精励することにより、究極的実在としての宇宙と自我とが融合する。さらに宗教的動機付けは、①統合的パターンにアウト・プットして社会規範への随順を促すとともに、タテ社会としての人間的結合を教化する。②倹約と勤労を強調することによって、生産にコミットし、消費を抑制する動機づけを教化する。このことは目標達成の政治的価値の優越性と結合して、経済的合理化を内面的に促進する。③公益優先の動機づけを教化することによって、より大きな政治体系による下属政治体系の統合を容易にし、緊急の事態に伝統的身分や地方的慣習への随順を克服する途をひらく。

こうして日本のおかれた特殊の歴史的条件の下で、宗教的動機づけは政治権力の合理化と急速な産業化の精神的エネルギーに転化した。ベラは、強力な政治的統制と政治価値の優位が経済的発展と合理化を阻むという、社会学の通説に反して、アジアのような「後進」地域では、長い時間をかけた資本蓄積の過程を経る余裕がないので、工業化に必要な資本は強力な政府の統制または発起によってしか調達されないと考えた。非西欧地域のなかで日本がまずこうした型の産業化の規範を示し、ついでロシアが共産主義の強力な「宗教的」動機づけと明確な目標達成次元の協調によって、自力で強力な工業国を建設した第２の例となった[20]。

ベラはウェーバーにならって、日本の宗教のうちで、なにがプロテスタントの倫理と機能的に類似しているのかを考え、その上で、日本の近代化、産業化を経済価値という概念で捉えた。この価値は目的に対する手段の合理化ということである。これはウェーバーの目的合理性を意味したものであるが、日本の近代化は目的合理性にともなう価値合理性に欠け「政治価値」という目標達成によって手段の合理化がなされ、「貨幣のために貨幣を追求」することがなかった。

すなわち政治価値が経済価値に優先する価値体系が日本の近代化の特徴であると考えた。このベラの分析は宗教組織のもつ経済的なものとのつながりについてウェーバー自身の研究したところのものとは違うかたちで行われた顕著な例の１つであるが、同様な例はロバート・イー・ケネディの最近の小研究にもみられる[21]。ウェーバーの理論にあてはめて、仏教の経済倫理を説明しようとする仏教学者もしばしば見られるが[22]、いずれもウェーバーの世俗内的禁欲主義にもとづく職業倫理が仏教思想の中にも存在することを証明しようとするにとどまっており、仏教の歴史に現れた現象から経済発展の社会学的側面をとらえる努力に欠けている。

§4　経済発展と宗教の世俗化

一般に宗教的な信念の諸体系は、経済発展に対して、刺激になることもあるし、障害になることもある。たとえば禁欲的プロテスタンティズムが資本主義の初期の段階において、経済発展を大いに刺激したことはマックス・ウェーバーの指摘しているところであるが、同時にそれは20世紀以後の経済発展のさまたげとなるばかりか、それ自身の世俗化を招くことが指摘されている。このことは分化の論理によって説明することが出来る。すなわち発展の初期の局面においては、より分化した社会構造を創設するためには多くの伝統的な忠誠心がうちこわされなければならないことがある。このような今までに確立されたかかわり合いとか統合の方法といったものは、伝統的社会の組織に深く根ざしているために、これらの結びつきから個人を「無理にひき離す」ためには、きわめて一般化された、しかも強力な価値とのかかわり合いが必要である。禁欲的にして、かつ現世的な宗教的信仰はそのばあいの梃子を提供する。しかし、この価値体系の勝利そのものはそれ自身を弱める条件をうむ。前述したように、ウェーバーは資本主義が高度に発達した20世紀の初頭にいたるころには、もはや禁欲的プロテスタンティズムの刺激を必要としなくなることに注目している[23]。資本主義は20世紀に至って急速に発展し西欧社会の大部分を征服した。資本主義は今や経済的合理性を強固に確立した。そしてこれらの世俗的な経済的価値は、その初期に要求された「根本的」な正当化をもはや必要とはしなくなった。

経済的価値のもつ合理性といった自律的価値の発展が、宗教的価値の世俗化の中心的内容になっている。この過程の中で、他の制度的領域である、経済、政治、科学などは独自の基盤を確立した。これらの領域を支配する価値はもはや宗教的信仰によって直接の制裁をうけることはなく、自律的合理性によって制裁をうけるようになった。そしてこのような合理性がこれらの領域で宗教的制裁にとってかわると、宗教はその機能的範囲をいちじるしく狭められる。分化の理論によれば、宗教は古い型のものの破壊を促進するかぎりにおいて、経済発展を刺激する。しかし、高度に経済発展をとげた社会において、宗教自身の世俗化に抵抗するかぎりにおいて、同じ価値そのものが経済発展および構造変動の障害になることもある。現代社会、ことに20世紀以後においては、ピューリタニズムを初めとして、すべての宗教がその社会的拘束力を失って、世俗化の一途をたどっている。

日本では後年にとくに著しい傾向として宗教活動のすべての面に市場計算が割込み、僧侶が１つの職業とみなされ、僧侶自身も生活をささえるための手段として宗教活動を行い、自ら割のあわない職業と考える人が多くなった。

また一般の人々の職業への内面的なかかわり合いとして、従来西欧ではプロテスタントの倫理が持ち出され、日本では二宮金次郎型の篤農主義が重視されて来た。現実の労働過程の内面的なかかわりと、人生の意味、ないし価値との間に一致があれば、生き甲斐と労働とが一致して、労働倫理がそのまま社会倫理となり得る。プロテスタントの場合はロゴス的なものが神であり、ウェーバーは官僚機構の合理的支配と労働倫理を一致させた。日本においても古い時代には世の中が有機的に調和して、昨日あるごとく今日もあるため、労働の意味と人生の意味が伝統的な信念体系のなかで一致していたから、生き甲斐を改めて問う必要がなかった。しかし今日においては、それが高度に分化して、労働倫理と社会倫理とが調和しえなくなった。人々は仕事をやっている方が意味があるのか、仕事から離れたほうが意味があるのか、客観的意味が与えられないまま、どちらかわからない状態にある。総理府の青年の意識調査によれば、刻苦勉励型の労働者は無くなり、一方では仕事は楽で高い賃金が得られるマイホーム主義型があり、会社の仕事よりも余暇を利用した趣味とかレジャーの世界に自分の生きがいを求める傾向と、他方仕事を通して生きがいを感じる傾向の、相反する傾向が両方並列して存在していることが認められるが、そこに現代社会における問題がひそんでいる。しかしいずれにしても問われているのは「生きがい」ということであり、「生きがい」がこれほどまでに大衆的に問題になった時代は少ない。

そういう意味においては、現代社会における新しいルール、市民的な規範が要求されている時代だということが出来る。高度に分化し、企業家した社会にあって、人間としての「生きがい」を中心においた、経済活動を動機づけるものは、やはり宗教のような価値の文化であることは社会学的構造機能理論の示すところである。しかし問題は中世的な商人や職人の労働倫理ではなく、大企業のもたらした組織の中での人間の労働倫理に対応できるような社会倫理を提供する、新しい宗教なりイデオロギーが生まれてこないかぎり、アノミー的社会現象は去らない。たとえば、かつてのカルヴィニズムの如く、仏教に宗教改革がおこり、現代に新しい価値と意味を提供し得るとしたらそれは何か、現代において仏教経済を論ずる場合は少なくともこの点に注目すべきであろう。

［第６章・注］

（1）Neil J. Smelser, “The Sociology of Economic Life”（Prentice-Hall, Inc. 1963.）（加藤昭二訳『経済社会学』至誠堂）

（2）1922年にマリノフスキーはメラネシアのニューギニア群島の土着の部族のあいだで行われている経済行為に関して先駆者的研究を公にした。
Bronislaw Malinowski, “Argonauts of the Western Pacific”（London：Routedge, 1922.）増田義郎他訳『西太平洋の遠洋航海者』中央公論社

（3）Ibid, p.158

（4）Ibid, p.160

（5）Bronislow Malinowski, “Magic, Science and Religion and Other Essays” ed. R. Redfield（A doubleday Anchor Book, 1954.）

（6）“Argonauts of the Western Pacific” p.116（前出『西太平洋の遠洋航海者』）呪術と仕事との間の関係に関する他のモノグラフについては、Bronislow Lalinowski, “Coral Gardens and Their Magic”（London：Allen of Unwin, 1955.）参照。

（7）Argonauts of the Western Pacific, pp.177-186

（8）Marcel Mauss, “The Gift”（glence, Ⅲ：The Free Press, 1954.）有地享訳『贈与論』勁草書房

（9）Ibid, pp.70-71

（10）Ibid, pp.76-78

（11）Raymond Firth, “Economics of the New Zealand Maori,” rev.ed.（Wellington, New Zealand：Owen, 1959.）；Primitive Polynesian Economy（London：Rouledge, 1939.）

（12）Raymond Firth, Malay Fishermen：Their Peasant Economy（London：Kegan Paul, Trubner, 1946.）

（13）Karl Palanyi, Conrad Arensberg, Hary Peasson, “Trade and Market in the Early Empires”,（Glencoe, Ⅲ：The Free Press and the Folcon’s Wing press, 1957.）

（14）宮坂宥勝『財と労働の価値』佼成出版社、19－21頁

（15）Max Weber,（ed.）（New York：Oxford University Press, 1947.）p.123

（16）渡辺照宏『仏教』岩波新書

（17）R. H. Tawney, “Religion and the Rise of Capitalism”（New York, Penguin Books, 1947.）pp.36-37

（18） Kurt Samuelsson, “Religion and Economic Action”, trans. By E. Geoffrey French（NewYork and Evanston：Harper Torch books, 1964.） p.19

（19） これに関連した業績には、大塚久雄他訳『プロテスタンティズムの倫理と資本主義の精神』岩波文庫。細谷徳三郎訳『儒教と道教』弘文堂。『世界宗教の経済倫理』みすず書房など、いずれも原書からの翻訳がある。

（20） R. N. Bellah, “Tokugawa Religioon,”（Free Press, Chicago.）堀一郎・池田昭訳『日本近代化と宗教倫理』未来社、1962 年、275－278 頁

（21） Robert. E. Kenedy, “The Protestant Ethic and the Parsis,”（American Journal of Sociology 1962.）

（22） 大野信三『仏教社会経済学説の研究』昭和 31 年、有菱閣。中村元『宗教と社会倫理』昭和 34 年、岩波書店。宮坂宥勝『前掲書』等は、いずれもマックス・ウェーバーの解説にとどまり、マックス・ウェーバーの示したプロテスタンティズムの倫理と共通するものが仏教理論の中にあることを主張することによって、仏教もまた「ひとつの経済的精神の、すなわち、ひとつの経済組織のエートスの発展」に影響を及ぼし得ることを述べようとしているにすぎない。ことに従来の仏教学者の経済に関する研究では、マックス・ウェーバーは「経済的事象が心理的に決定されること」を探究したのではなく、逆に「経済的要因が根本的に重要であること」を主張したことに気づいていないように思われる。さらに重要なことは、彼らはマックス・ウェーバーが宗教的態度そのものがつぎには逆に、その発展や性格において、社会的な条件の全体、ことに経済的な条件から、いかに影響されるところがあったかを研究する必要があることを、力説しているのを見落としている。

（23） Max Weber：大塚久雄他訳『プロテスタンティズムの倫理と資本主義の精神』岩波文庫・下、246 頁

第７章　宗教と経済 Ⅱ
―生産過程に介入する宗教的要因―

§１　分析概念としての制裁

宗教と経済との関係を分析するために、ここではそれらの２つをそれぞれ社会の下位体系と考え、これらの下位体系の間の相互行為の中での経済的変数と宗教的変数の作用を明らかにしようとするものである。周期的でかつ規則化された相互行為は構造という概念で表現されるが、ここでは社会構造よりも高いレベルで抽象された１つの概念[(1)]、社会体系という概念を導入する。体系という考え方は、１つの分析的概念であり、それによって体系の成分となっている諸構成単位について語ることが出来るし、またこれらの関係についての命題を提出することも出来る。具体的な諸構成単位というのは、体系が準化する各レベルによって異なっているけれども、体系を分析する原理は同じである。下位体系としての宗教と経済の相互関係の分析においては、制裁という概念が非常に重要な位置をしめている。制裁とは、社会構造のなかで人々の行動を統制するために社会的資源を用いることをいうのであって、報酬とか価値を剥奪することを意味している。

たとえば経済体系は富をつくり出すが、この富は、多くの社会的文脈の中では制裁として用いられる。また宗教体系は価値とのかかわりをつくり出すが、これもまた制裁として作用する。また別の角度からみると、１つの下位体系の中でつくり出された制裁は、他の下位体系にとっての資源を構成する。たとえば富は宗教的な構造の有効性を証明するために、それらによって獲得され、利用される基礎的な資源の１つである。このようにある社会のさまざまな下位体系は、資源もしくは制裁の一連の複雑な相互交換によって連結されている。

§2　経済過程に介入する宗教的要因

経済活動に影響を与えたり、また経済活動から影響をうけたりする宗教的諸要素を考える場合には、宗教文化の評価的（evaluational）側面と存在的（existential）側面とに分けて考えると便利である。評価的というのは宗教的価値の大系のなかで経済活動は望ましいものと思われているかどうか、または社会の成員たちによって追求されるべきものかどうかを問題としている。したがってそこでは、宗教的価値の大系の中で経済活動が１つの価値を与えられているかどうか。この場合、ポジティヴなこととネガティヴなことの両方が含まれるが、経済活動はそれ自体１つの目的として価値を与えられているのか、それとも宗教的喜悦という状態への到達、といったものの下に立つものであるかどうかが問題とされる。また存在的という場合には、人間と社会と自然とを並列的に考え、人間の本性とは何か、人間は経済的に動機づけられるものとはっきり決められているのか、社会の本質とは何か、社会の本質は経済活動に対して機会を提供するものなのか、などが問題となる。ここではこれらの問題を考慮に入れて、宗教的価値と経済活動との間の関係を分析しようとするものである。

しかし、ここでは特定の原理を系統的に述べることは不可能であるため、経験的研究によって示されてきた幾つかの関係の明細を述べることで満足しなければならない。

すなわち、従来宗教と経済との間には、次の４つの関係が重要視されている。

〈1〉経済活動を促進したり、抑制したりする独立変数としての宗教

この問題に関しては、しばらくマックス・ウェーバーの研究[(2)]に従って論述する。

ウェーバーは、それぞれの宗教に特有な宗教倫理、それに密着しているエートスをとらえ、それを通してそれぞれの社会の構造を見きわめていくという研究の方法をとった[(3)]。従って彼の社会学理論の中では、さまざまな宗教がつくり出していく人間観、ないしは、彼がエートスと呼ぶものが重要な問題としてとりあげられている[(4)]。

たとえば、ウェーバーは「儒教とピュウリタニズム」のなかで、この2つの宗教の間には「人間観」に大きな差異があり、またこの宗教的価値がそれらの宗教の地盤となっている社会の経済活動に大きな関係をもっている、というのである。

すなわち、儒教の倫理がかもし出す精神的な雰囲気のなかで肯定され、尊重されている「人間的なもの」というのは、生まれながらの感情的人間にまつわりつく秩序であった。そこでは、あるがままの人間は修養によってますます完成していく。人格の素地としてかえって肯定される。だから儒教においては血縁関係が肯定され、尊重された。従って、氏族・家族・親子等々の血縁関係に最上の価値が置かれていた。また外面的な秩序の基礎に対しても、それらを尊重し順応していくことを良しとしている。たとえば民衆がどんなに迷信的な生活行事をやっていても、儒教的教養人である君子は、怪力乱神を語らずとしながら、それに対してともかく敬しい態度をとる。なぜなら、世界の現状に適従し、現存する秩序の維持をつねに不変の大前提としているのが儒教論理の根幹であったからである。こうした精神的雰囲気の中では、人々の行動は自らすべてに対して受動的、消極的にならざるをえなかった。

一方、ピューリタニズムにおいて尊重される人間的なもの、つまり「人

格」はその正反対であったといってよい。つまり神の前においては血縁関係は完全に否定される。神と自分との関係の前では、血縁関係は被造物的に堕落している人間関係であった。彼らにとって正しい人間のあり方は、そうした内につける自己をのり超えるものとしての人間、つまり「人格」の中にあった。

神の栄光を増すために、キリスト者は自己の生活と世界のすべても造り変えようとする。その使命感から自分の放逸な感覚的欲求をおさえて、自己の生活と力のすべてをその使命の達成という一点に集中する。こうした禁欲的態度によって個々人の内部に形づくられてくる内面的統一、これこそが「人格」としての人間であった。

ウェーバーは中国の儒教と西ヨーロッパ及びアメリカ合衆国のピューリタニズムとの宗教社会学的な比較の中で、それら２つの宗教の与える倫理的価値を以上のようにとらえ、それぞれのかもし出すエートスを「外面的尊厳の倫理[5]」（儒教）と「内面的尊厳の倫理」（ピューリタニズム）として対立させた。

そうして後者は、神の栄光を増し加えるための隣人愛の実践という内面的欲求に発して、被造物的に堕落している生来の自己を変改し、さらに罪のうちにあるという現世をすなわちこの世俗的生活を聖化しようという方向をとる。またそこから生ずる強烈な能動的積極的な性格は、現生の生活の組織的方法的〈methodish〉な改革という姿をとると同時に〈Zaubergartan〉を徹底的に破壊するという合理主義的な性格が生まれて来た。

そこでは現世の仕事は神から与えられたものであり、神の栄光を増し加え、隣人愛を実現していくものであった。従って、単に自己の欲望から行われる他人の損失も不幸も考えない営利活動が否定せられた。その結果として生産力を高め、民衆の生活を豊かにするような、自己の倫理的欲求と一致するようなタイプの営利が生まれてくることになった。

ウェーバーはこれを近代資本主義の萌芽だとしているが、同時にまた経済の成長が営利主義を助長し、しだいに宗教の統制下を離れていくことをも指摘している。

一方、儒教では経済活動は人間完成の手段と考えられていた。儒教にとって自己の完成は書籍を通して哲学的文学的教養を無限に高めて行くことであり、そのためには富という物的背景を必要とする。そういう意味で経済生活とくに、営利がナイーヴに肯定されるばかりでなく、その限りで合理化されていた[(6)]。

すなわちピューリタニズムの精神は経済的環境の中から血縁的、地縁的なものを排除することによって、合理主義的に経済行為を非人間化した。これに対して儒教は血縁的なものを尊重すると共に、個人的な財産の追求に価値を与えた。

以上のようにこの２つの宗教は、その倫理的方向づけは全く異なりながら、両方とも、ある種の経済的合理主義を生み出している。そしてその方向づけの違いが近代資本主義誕生という観点からみると全く正反対の帰結を生むことになった。

〈2〉現行の仕組を道徳的に正当化するものとしての宗教

人間の有するほかの動物と異なる特徴の１つは、彼がシンボルの使用者であるということ、および彼がこれらのシンボルを自分がはいり込む社会関係に意味を与えるために使用するということである。「宗教」という用語は、ある社会における人々およびそれらの人々の相互間の関係の性質としてとらえることが出来る。宗教には多くの機能がある。宗教の機能は、他の場合ではすぐにはとても理解できないような活動に対して、より明白な意味を与えることである。あるいはもっと強くいうなら、宗教は、もし宗教が作用しなかったら、しようなどとは思ってもみないことを、しなければならなくなるような或る社会関係の体系の中に人々をひき入れる。

おそらく宗教の「統制的」な側面に関する最も古典的な研究としては、デュルケムがオーストラリアのトーテミズムを材料に行った、きわめて多角的な研究をあげることが出来る。

そこでは、トーテムは氏族社会のシンボルであると同時に神の象徴でもあった。したがって、神と社会とは１つであるという結論が導かれ、神の実態は社会であり、聖なるものとは社会の象徴なのであると考えられた。インティテュマの儀礼にみられる供犠と共餐も、個人を社会的に結合させる統合力の宗教的な表現だと解された(7)。

デュルケムのこのような結論には異論があるにしても、宗教のもつ集団結合の動的な力をあざやかに描き出した点では古典的な意義をもっている。

またラドクリフ・ブラウンのアンダマン島における呪術の研究にみられる、集団の期待に対する同調としての呪術の礼行も、宗教の統合的機能を強調したものである(8)。

近代社会においては、このように統合的機能を有する宗教が、経営者階級によってしばしば利用される。すなわち、経営者は労働者を自分たちの権威に従うようにさせる過程で、宗教をその正当性を意味づけるものとして利用する。

この場合、宗教はその社会の基本的な価値の貯蔵所と化しているのであり、宗教と権力とのあいだの防禦的なものとなる傾向がある(9)。

たとえば、日本の仏教教団において、特にその宗教集団が経営する諸事業の中で、そうした傾向が強く見られる。中でも、その成員に対して、宗門に所属する人であるということを理由に、しばしば不当に奉仕的な労働を強要したり、進歩的、改革的思想に対しては極度に異端視することによって組織の安定を守って行こうとする点が目立つ。

またイデオロギーも宗教と同様の機能を有するが、とくにイデオロギーの「統制的」な側面に関する最も全般的な研究は、ラインハルト・ベンディックス[10]が行った、英国、アメリカ合衆国、ロシア、および東ドイツという4つの産業化された国において発展した経営者イデオロギーについての比較研究であるが、彼はイデオロギーについての主要な機能は、生成しつつある、あるいは堅固の制度的仕組を正当なものとして、防衛することであると認めている。

〈3〉現行の仕組を道徳的に攻撃するものとしての宗教

産業争議において、経営者は、その地位を防衛するのに、団体交渉という関係のなかにおける自由企業の原理に関するイデオロギー的主張と、労働者の福祉に対する経営者側の関心というそれに平行した主張とを用いる。一方組合の側ではそれに対抗するイデオロギーとして、労働組合が社会正義の手段であり、組合主義が労働者個人を、その直接の労働環境において搾取と左遷から守るという主張を展開させる[11]。

このように闘争あるいは社会変動という状況のなかでは、しばしば2つの相反するイデオロギーの発展が観察される。歴史の初期においては、宗教は、しばしばこの変革期のイデオロギーとしての機能をはたしてきた。変革期において、新しいエリート層は、彼らが直面している状況のなかで、いかに行動すべきかを明らかにし、また、自分たちが指導者であることを正当化していくために、彼らに課せられた使命が何であるかを、はっきりと定義していく必要性を感じている。

また一方、社会変動にともなうアノミーに悩むその追随者たちは、自分たちが依存することのできる新しい価値、自分たちが帰属することのできる新しい集団を探し求めている。

このようにして、各種の宗教、またはイデオロギーにもとづく運動のなかで――それが宗教的なものであろうと世俗的なものであろうと――指導者は「変革、または闘争のためのイデオロギー」を見出し、信奉者たちは「共同体の探求」と「新しい価値の追求」に満足を見出す[12]。

かくて宗教は一面において、既成の秩序のなかにおける特権的地位、ならびに指導者の地位を神聖なものとし、他面それは反行のためのイデオロギーと指導者を生みだす。

さらに宗教は新しく台頭した階級が、彼らの抗議を述べ、それを理解していくための概念をつくりあげ、宗教的価値にもとづいて抗議を正当化する基礎をあたえる。

〈4〉緊張という状況を緩和するための方策としての宗教またはイデオロギー

宗教やイデオロギーは、一組の理想的な基準と現実の事態とのあいだにくい違いがあるような状況において栄える傾向がある。

マリノフスキーとラドクリフ・ブラウンの呪術に関する理論を要約して、ホマンズは、「呪術は緊張を和らげ、他の技術のように、儀礼の励行によって、労働に自信を与える。呪術は危険や不確実に直面した個人の情緒の表現であるが、それはまた、社会規範への服従の問題として行われる。呪術はさらに個人に自信を与え、集団にとって本質的に重要な活動を荘厳化することによって、集団が存続するのに役立つ機能をもっている」と述べている[13]。

またトーマス・オーディは宗教や呪術における儀式の特徴として、①人間の心に、ある適当な感情を呼び起こし、またそれを浄化しながら、もとの状況に立ち戻らせること、②人間の注意、関心を状況のある側面から移しかえて、他の側面に向けさせること、の２つをあげている。

一般に宗教は日常生活の中で生起するさまざまな心の葛藤や緊張を緩和し、ふたたび、仕事の場に人々を引きもどすことによって社会の安定を維持する機能を有する。

また現行の経済上の仕組を正当化するとともに、それらの中で生じる緊張を緩和することによって、労働に価値を提供する。また逆に、現行の仕組を道徳的に攻撃することによって、経済行為を外側から牽制する機能をも有する。

§3　生産過程に含まれる宗教的要因

宗教体系が価値とのかかわりの中で制裁として作用する場合は倫理として働く。

労働の倫理および職業の倫理を考察することによって生産に介入する昇給的要因を観察することが出来る。

伝統社会においては、マルセ・モース[(14)]、マリノフスキー[(15)]などが報告しているように、生産技術は呪術と関係していた。

日本の古代においても、特殊な技術が特殊な家系に伝承され、それが神秘的な感覚と呪術的意識をもって独占化させられていた。従って職能集団は、それ自体特殊な信仰を持つ呪術集団であったと考えられている。神代時代にはすでに、それぞれの職能祖神のもとに多くの特殊技術集団が形成されていた[(16)]。

社会が分化し、技術がしだいに呪術の領域から独立してきてからも、技術集団は非常民として、一種の「聖」的存在と見られる傾向が強く、技術者自身も、みずからを「財民」とする自覚があり、それを支持する信仰や行事、慣習を保存していた。

13世紀、盛んに行われた職人歌合の中に数えられる職業は142にのぼる。近世に至って、職業は急速に分化し、商業都市の勃興を見るようになると、職業意識も確立し、それぞれの職業に道徳や規範が形成され、伝授、免許などの特殊の伝承をつくり上げてきた。また多くの技術者は、職能守護神や技術祖神を祭り、あるいは新たにそれらを選定して、特殊の祭礼集団を構成したり、下組織をつくったり、氏神、産土神のほかに邸内祠を設けたりして、その職業に専属する祭りを営んできた(17)。

人々はそうした神や神に対する祭儀を通して、それぞれの職業観や勤労精神を形成していたと考えられる。そればかりではなく、分配や消費に至るまでの一切の経済現象は宗教現象と深く交錯していた(18)。

ここでは人々が身につけている、多かれ少なかれ自発的な職業活動上の気風、気質、心構えのようなある内面的なものを問題とする。もちろん、この内面的性格は、かならずしも生得的なものではない。家庭のしつけ、職場の訓練、仲間や長上からの影響、それに集団からの拘束や強制などが、この内面的な性格の形成にあずかっている。従ってこのかぎりでは、こうした職業上の気風や心構えは、当人の外側ですでにつくられていた、一定の社会的規範の内面化されたものであると考えることが出来る。それにもかかわらず、それは、それ自体としては、職業に従事している人々の行動や意識の根底にある価値観の一部であった。労働ないしは職業上の倫理という場合には主としてこの点を問題とする。ここでは人々が、なにゆえにそのような倫理にしたがわねばならないのか、あるいはまた、人々はなにゆえに進んでそれにしたがおうとするのか、ということも問題としている。

伝統的な社会においては、前述したごとく技術が呪術と深い関係をもっていたばかりではなく、人々の生活のリズムは宗教的行事と深い関連をもっていた。

たとえばマリノフスキーの Kula に関する研究によれば、トロブリアンド諸島の土人の心理では、あらゆる経済的活動の各段階において、その作業の成功のためには呪術的儀礼の演出と呪語の発声とは、欠くことの出来ないものであった。またファース、フォーチュン、エヴァンス・プリチャードなどマリノフスキー学派の人々の呪術に関する研究は、未開人の経済活動に及ぼす呪術、宗教的影響を見るための最も有効な資料を提供している[19]。

トロブリアンド諸島の農耕では、作物は農耕上の技術だけではけっして生育しないと固く信じられている。ドブ族の間では、ヤム芋の菜園は、単なる労働の場所ではなく、祭儀の場所でもある。従って気候の不順などによる不作も祭儀の力が不足していたと信じられている。彼らは呪術的祭儀なしには菜園を作らない。なぜなら、若干の儀式と法式なしにはヤムの種子は繁殖し、生長しないと固く信じているからである[20]。

マリノフスキーによれば、トロブリアンド諸島の土人の労働生活は、ほとんど菜園で費やされる。またこの菜園労働に影響し、これを統制している力や信念のうちで呪術のしめる重要さについて言及している[21]。菜園呪術師は人間の労働と自然の力との両方を制御すると考えられている。この呪術師は直後には園芸の管理人として働く。彼は儀礼を執行し、部落の人々を統御して、ある仕事に努力することを強制し、それらの仕事を適当に随時に完成させる。

ニュージーランドのマリオ族でも呪術は労働生産にとって、なくてはならないものであった。マリオ族の主食クマラ（甘薯）の栽培に関する労働は宗教的および呪術的な信仰に根をすえた一群の規定や慣例に囲まれている。

またマリオ族のトラホー山林地の土人の間では鳥が食料の主要部分を占めているが、その捕獲は、この道に熟練した僧侶トフンガによって支配されている。森の学問に精通したこの者がシーズンの到来前に、森でのさまざまの兆候を識別して農掛けの期日を定める。彼はまた森の精（ハラ）を守っている呪符マウリが隠された場所に安全に存在し、そして有効に用いることができるのを確かめる。彼は饒多な収穫をもたらす呪文を誦し、そして労働は神々が加護し給うという信任にみちて行われる。森に関するタブーは捕鳥期に先立ってトフンガによって解除される[22]。

この場合もやはり労働の場所である森は祭儀の場所であり、神々の宿る神聖な場所として受けとられている。従って森の鳥を捕まえるためにはいろいろのタブーを守り、担当の儀礼をしなければならない。最初の獲物を神にささげる祭儀が終ると、タブーが解除され、森と鳥と人とは聖から俗へと放たれる。そうして鳥猟のシーズンが開かれる。人々は森に入って捕鳥の仕事に着手する。

以上一、二の例でも知られるように、原始民族の労働、生産活動には常に呪術、宗教的な要因が介入している。マリノフスキーおよびラドクリフ・ブラウンによれば、これら原始民族の間に行われる呪術は、危険な情況の中で人々が欲している結果が実際に獲得されるという確信がないときに行われる傾向がつよい。呪術は人々の心から緊張を和らげる。また祭儀は他の技術と同様な意味をもっており、実際的な仕方で、労働を助けると信じられている。

呪術の遂行は、また、彼らが生産的労働を行うのに必要な自信と決断とを与える。呪術はまた、多くのタブーを伴う、社会的規範を形成している。人々はそのタブーの服従を通して社会的秩序を確認する[23]。

原始民族にとって労働は単に食料を得るための手段ではなくて、神聖な儀式の一部である。

日本の農村における共同作業に見られる相互扶助的慣行には賃金労働の枠組に入らない多くの要因が含まれている[24]。

農村における扶助の慣行としては、婚礼、葬儀、病傷時、火災などをあげることが出来るが、作業におけるモヤイやユイも扶助の慣行とみるべきである。

吉凶時における扶助の形成は地方により、村によって異なっているが、どこの村でも、その村だけの扶助の形成が定まっている。民俗学者や農村社会学者の調査は、このような扶助の慣行に関して多くの報告をしているが[25]、それらの報告によれば、慣行としての吉凶等の扶助の形成は、ほとんどどの地方においても、主として一定地域内の人々の共同作業によって行われている。たとえば扶助が大がかりである場合は部落全部の家から手伝いをだすし、それほどでない場合は小字または組の内の全戸が扶助する。また農村における扶助はほとんど常に相互扶助であるという事が出来る。吉凶禍福における扶助も全局よりみれば相互扶助の一形態とみることが出来るが、吉凶禍福は、それが一家、一人の上に起こった事でも、村の道義はそれを村の公の力によって庇護し、援助し祝福しようとする。村人の生活には全く私的な事で扶助を要する場合がしばしばある。一家の日常の経済生活の中で財力および労力の扶助を要する場合が、そのもっとも一般的なものである。そこで、こうした必要に応ずる慣行として、財力に対しては講、労力に対してはユイが発達した。

ユイの基本的な生活は、①地域的制約を受けている事、②共同社会的である事、③合理的態度を含んでいる事、④対等的関係が予想されている事などであるが、ユイはあきらかに労働能率を上げる目的を含んでいると同時に、労働を遊戯化し、労働の苦痛を明朗な情緒によって緩和しようとする意図が含まれている。またユイは労力の給付にたいして等量の労力の反対給付を予想している。すなわち権利と義務の関係をもって労働の給付が社会的に制度化されたものである。

また農村には利益的、目的的、意志的な共同生産の形式として広くモヤイと呼ばれる慣行がある。これは土地を共有している場合にみられる共同生産の形式であるが、社寺の水田のような場合にもモヤイの形式をとるところがある。一般に村仕事と呼ばれているものはすべて、共同作業によって行われるが、それは各人の意志的な協力によってなされる。しかし村人の体験からすればそれは明らかに滅私の奉公と見ることが出来る[26]。

今日も村仕事として各地で見られるのは、道普請、橋普請、寺社の作業、村の中の個人の家の屋根替や、新築、吉凶禍福の時の村中の援助等が考えられるが、それはいずれも村の公の事として労働が奉仕される。

このように共同作業のもっとも重要な２つの慣行であるユイとモヤイはそれぞれ、扶助と奉仕の精神に起因しており、いずれもゲマインシャフト的性格を有している。

またユイとモヤイの本質的起因をなす扶助と奉仕は親睦と奉公の態度からのみ現れるものであって、それぞれの態度は、農村の社会構造と社会意識によって当然産み出されたものである。共同体社会においては働く場と、家庭の場が重なっており、今日的な意味での余暇をもたない生活である。労働は生活そのものであり、人間は労働によって文化を作り、自己を高め、自らを動物と区別して来た。そういう意味で労働は人間の本質であるということが出来る。人間にとってこの労働の場である自然は、神の支配するものであった。人間は自然の前にあって常に偶然性、無力さ、欠如といった感情にせまられ、そのような経験内容と関連して、超自然的な彼岸の世界に関する広い展望をもち、その展望によって人生を意味づけて来た。人間はまた精神的再生をはかるべく、人間の心に十分の安心感と確信をあたえるような彼岸の世界との関係をつくりあげていくための儀式的手段を充実して来た。

共同体社会における休日と余暇は、彼岸の世界に奉仕するためにもうけられたものであり、それは聖なる日として、儀式的なもので構成されている。人々はこの聖なる期間をへて、精神的に再生され、俗なる生活へと復帰する。

近世における技術の発達は生産とコミュニケーションの領域で偉大な発展をとげ、人々の環境に対する関係を根本的に変え、また自然の力に対する支配を著しく高めた。

人間は労働によって、豊かな資源を得、偶然性を排除し、自然の力をよりよく人間の制御のもとにおくことに成功しつつある。いいかえれば労働の領域における技術的な発達は、宗教の機能と密接に関連している偶然性、無力、欠如といったものが、人間の生活体験におよぼす圧力を減少させた。

近代社会においては、仕事の場（労働）と日常の場（家）が分離し、休日が宗教的なものから解放されて、余暇（レジャー）として私的なものへ帰属した。

したがって、何らかの形で、人生を意味づけるものへの信仰をもっていた、第１次的生産様式をもつ社会においては、切実な問題として問われることのなかった生きがいの問題が、そのような絶対的な価値を失った現代において、最も切実な問題として問われるようになった[27]。

一般に人間の行動には目的のない反射的な行動と、目的をもった行動とがあるが、目的の意識を伴う行動を、社会学では「行為」(action) とよんで、単なる「行動」(behavior) と区別している。「行動」は虫や動物にもあるが、「行為」は人間に固有のものである。（人間の行為に対して）「なぜ」という問いをどこまでもくりかえしてゆくと、結局自分は何のために生きているのかという究極の問いにつきあたる。この問いに対して、各人が、実感をこめて答える仕方が生きがいであるとすると、人間が生きていることを、ただの生物体としての生存ではなくて、１つの人生たらしめているのが、この行為の統合体としての労働である。

従って、労働は人間の存在様式として考えられて来た。

宗教が人間の究極的な問題にかかわるものであるとすれば、いずれの宗教も何らかの形で人間の行為に意味を与えて来た。その場合、原始宗教も、民族宗教も、世界宗教も、何らかの形で滅私的、奉仕的行為に特別の意味を賦与することによって、集団としての人間生活を向上させて来た。

特に世界宗教は伝統的な宗教を母体として、それらをリファインした形で成立したものと考えられるため、キリスト教や仏教によって示される労働の意味は、多かれ少なかれ、伝統的な社会でつちかわれたものの上に成り立っている。

ヘフナーの『社会、経済倫理』によれば、キリスト教の労働観[28]は、①労働は人間にとって必然的なものであって、労働によってのみ、人間は自己保存を可能とする。②また労働は自己発展の方法であり、人間は労働によってのみ神の栄光を増す事が出来る。③人間は労働によって、神より与えられた宇宙を開発し、克服することが出来る。④そうした労働の真の意味は、人々が共同して、相互に奉仕することである。労働は隣人への奉仕であり、家庭と国民とへの奉仕である。従って職業は神から与えられたものである。⑤原罪を背負った人間にとって、労働は人間に課せられた罪の償いがあり、⑥それは贖いとして受けとられるべきものである。⑦労働は神の委託であり、神の創造に参与することである。労働はまた、人間が原罪から解放されるという意味で、救済でもある。

一方、仏教においても[29]、①労働は人間の必然的なものと認めている。仏教では人間存在をカルマ（Karma）――労働、仕事、職業の連続であるととらえるところにその出発点がある。②仏教でもやはり労働は自己開発の方法として「よくなされた仕事は最高の幸福である」と説く。③そして職業としての労働を天職と考え、奉仕としての労働を無視する。従って自己を滅して、社会的サービスに徹することが菩薩の精神とされている。④したがって労働は自利のためばかりではなく利他のためになさなければならない。自分が他によって生かされ、存在しているものであるという自覚から報恩としての労働が強調される。

従来までに確立された労働の倫理はそれぞれの職業によって異なるとしても、労働一般に通ずる倫理はこれら世界宗教の示す労働の倫理の中にその要諦をみることが出来る。

[第７章・注]

⑴「体系」というのは社会を構成する各因子の相互依存関係を示す概念で、力学的な相互依存関係を社会学に適用したのはパレートであるが、それを正確にうけついでいるのは、ホマンズである。パーソンズは社会体系の均衡は逸脱行動と社会統制の力のバランスであるとして、一定の均衡状態において成立する社会構造を価値の型（Pattern Variable）の組合せで分析する方法をとっている。社会体系の概念については、次の参考書を参照。

V. Patero, The mind and Society, 4vols.,1935.

G. C. The Human Group, 1950.

T. Parsons, The Social System, 1951.

⑵ マックス・ウェーバー『宗教社会学論集』第１巻

⑶ 大塚久雄「東西文化の交流における宗教社会学の意義」『思想史の方法と対象』武田清子編、創文社、1961 年、110 頁参照

⑷ ウェーバーの比較研究によれば、ヨーロッパ史の上でフランスの文化が占めている地位を、アジアで占めているのは中国文化であり、古代ギリシャやイスラエルの文化の占めている地位をアジアで占めているのは古代インドの文化である。しかしアジアでは結局はっきりとイスラエルにあたる役割をはたすものは出てこなかった。西洋史の流れの中では、イスラエルの宗教文化が１つの源流になっているだけではなく、そこから近代文化への決定的な方向づけが出てくる。アジア史の流れの中でイスラエルの役割をはたすものとして、ウェーバーが示唆しているのは日本である。彼は日本史の流れの中で、仏教の１つの教派がそういう方向を指し示していたと述べている。それに彼は、完全な形で西洋的な意味での資本主義文化、近代文化に至りつくことはできなかったが、とにかく、封建社会を経てそうした方向に朋芽を示したのは、アジアでは日本だけであるとしている。こうした意味で、ウェーバーが、世界史の上でもっとも顕著な対象をなしているものとして、研究の全面におしだしてくるのが「儒教とピュウリタニズム」である。

⑸ このウェーバーの外面的尊厳の倫理（die ausserliche Wurde）という考え方によく似ているのがルース・ベネディクトの恥の文化（shame culture）である。ここでは、「偉い人らしい勿体ぶった物腰や身振り」、「顔がきく」、「顔がつぶれる」といった日本語が示す人間関係を表わす倫理をいっているのであって、倫理

的価値の重心が外側の形におかれている。ウェーバーは、儒教の倫理が「審美的」〈asthetisch〉な性質を帯びていると述べているが、日本語では倫理的に「悪い」ことを、しばしば「下品だ」「汚い」「はずかしい」などの言葉で表現する。〈shame culture〉というのはこういう傾向の強さを巧みに表現している。

（6）大塚久雄、前掲論文、117 頁

（7）Emile Durkheim, The Elementary Forms of the Religions Life, tras. By Loseph Ward Swain. P387. 古野清人『宗教生活の原初形態』岩波文庫

（8）A. R. Brown, Taboo, 1938.
A. R. Brown, The Andoman Islandesrs, A Study in Social Anthropology, 1912.

（9）T. F. O'Dea, The Sociology of Religion, 1966. p166.

（10）Bendix,"Industrialization, Ideologies, and Social Structure," American Sociological Review, 1956,：pp.613～623.

（11）Arther Kornbauser, R. Dubin, and A. M. Ross,"Problems and Viepoints," in Industrial Conflict（New York：Me Graw-Hill, 1954）pp.18～19.

（12）T. F. O'Dea, op. cit., p.115

（13）ホマンズ『ヒューマングループ』352～360 頁

（14）M. Mauss, Theorie de la magie,

（15）B. Malinowski, "The Economic Aspect of the Intichuma Ceremonies"
Festskrift tillagnad Edward Westermarck, 1912.
"primitive Economics of the Trobriand Islands"
Economic Journal, XXXI, 1921, pp.1～16.

（16）堀一郎「職業の神」『民俗学大系』8、平凡社、92 頁

（17）堀一郎、前掲書、93～94 頁

（18）古野清人『宗教生活の基本構造』1970 年、133 頁

（19）古野清人、前掲書、73 頁参照

（20）R. F. Fortune, Sorcerers of Dobu, The Social Anthropology of the Dobu Islanders of the Western Pacific, 1932. P.110 ff., p.127.

（21）B. Malinowski, Coral Gardens and Their Magic, 1929. p.139.

（22）R.Firth, Prmitive Economics of the New Zealand Maori, 1929. p.139.

（23）ホマンズ・前掲書にマリノフスキーとラドクリフ・ブラウンの理論に関する統

合的、調整的要約が見られる。

(24) 有賀喜左衛門『同著作集』Ⅵ（1968年）は農村における労働組織と婚姻の関係を詳しく論述している。

(25)『鈴木栄太郎著作集』Ⅳ、1970年、182頁以下参照

(26) 鈴木栄太郎、前掲書、288～296頁

(27) 見田宗介『現代の生きがい』1970年、日本経済新聞社参照

(28) これに関連した業績としては、
沢崎堅造『キリスト教経済思想史研究』1965年、未来社
山中良和『宗教と社会倫理』1954年

(29) 中村元『宗教と社会倫理』1959年
大野信三『仏教社会・経済学説の研究』1956年
宮坂宥勝『財と労働の価値』1969年等参照

第８章　性と宗教

§1　聖の源泉としての性

世界のあらゆる宗教上の概念は、聖なるものと俗なるものとの区別を暗黙のうちに意味している。すべての宗教現象を「聖」という言葉で定義することはできないけれど、あらゆる宗教の定義の中には、何らかの意味で、聖なるものと俗なるものとの対立関係を含んでいる[(1)]。また聖なるものの体験が、人間生活のさまざまな表現の全体を活気づけるものであることも事実である。聖なるものは１つの永続的な、時には一時的な特性として、あらゆるものと関係する。性行為・男根・女陰などに神秘的な恩寵の認められる時、それらは聖なるものとして顕現する。人々があらゆる救済と成就とを切望するのは、聖なるものによってである。彼がそれに対して示す崇拝の感情は、恐怖と同時に信頼によって生じてくる。

未開の人々は、暴風雨・太陽・河・山など、さまざまの自然現象に神秘な力を感じ、これを畏敬し、その力の背後に神を認めていた[(2)]。しかもこの自然に対する人間の考えは、彼ら原始の人々と共に絶滅したものではないことは、現在なおわれわれの身近に祭られ、礼拝されている神々によって知ることができる。

人間は神秘な現象と認められるものの背後に神を認め、これを崇拝し、それに一種の宗教的形式を付与した。そうした自然の神秘の中で人間が最も畏敬したものの１つは生殖力であった[(3)]。出生と生命の原始の不思議は、人間の歴史を通して、そのベールをはがされることのない神秘であった。

現代の科学もなおその神秘を究明しつくしてはいない。

そういう意味で、性には人類の原初から聖なる特性が付与されていた。聖なるものが宗教の母なる理念であるとすれば、性はすべての宗教の根底に横たわる理念であるということができる。事実、世界のあらゆる宗教は性に起因している。古代エジプト、メソポタミア、ギリシャ、ローマ、インドの宗教をはじめとして、ユダヤ教・バラモン教・ヒンズー教・道教・神道などの民族宗教、さらには仏教・キリスト教などの世界宗教にいたるまで、性は1つの大きな基調をなしていることが認められる。

太古においては、性は創造の力と考えられていた。生殖行為はその原初において行われた神の創造を再現するという意味で、いつでも神聖な儀式であった(4)。同様にして、人間のたずさわるすべての生産行為は、性を原初とする儀式であった。なかでも農耕は後で述べるように、それ自身、性的本能が1つの根本的な役割を果たしているところの儀礼であった(5)。したがって、そこには聖なるもののさまざまな性格が隠されていた。

人々が性を聖とみるとき、人々はそれにどのような力を想像し、それに何を願ったのだろうか。世界に伝承されたさまざまの神話や宗教がそれに対する答を用意している。

ここにそうしたさまざまな神話や宗教の示す事例に従って、性に対する人々の願いを列挙すると、①創造力に対する畏敬、②豊饒の願い、③再生の力、④浄化の力、⑤厄を払い魔を除き、災害を避ける力、⑥幸福を招く力などがあり、それぞれによって、信仰・儀礼の形式が発達していた。

特に男女の生殖器交合体の礼拝は古く、どの国においても行われていた事実が見られる。ギリシャ神話では、火は人間が神から授かったものだと説いている。火を作るということは、どこの国においても神事と考えられていた。火の使用はその原初において、人間が他の動物と分かれて発達する分岐点だともいわれている(6)。

伊勢神宮に伝わる鑽火は神に献ずる盛飯を調理するための火を作る原始発火法であるが、そこでは樫の木の杵と檜の木の臼とを摩擦して発火させる。同様な発火法はインドにその原型をみることができる。インドでは菩提樹で作られた臼をデヴァ・ヨニ（聖なるヨニ）と呼んでおり、祭司が火を摩り起こす時、臼にむかってうやうやしく「おおウルヴァシィー‼」とヴェーダに出てくる女神の名を呼び、杵に向かって「おおブルーラヴァス‼」と女神ウルヴァシィーの恋人であった青年の名を呼び相互に礼拝して摩擦の運動を速め、やがて発火すると、火を羊毛の糸に点ずる。この時「アーユ（生まれたり）」と祝福の声をあげるといわれている(7)。

また男根のもつ聖性についても『旧約聖書・創世記24章』には、年老いたアブラハムが自分の財産のいっさいを忠実な老僕に託すとき、「あなたの手をわたしのももの下に入れなさい。わたしはあなたに天地の神、主をさして誓わせる……」といい、「そこでしもべは手を主人のアブラハムのももの下に入れ、この事について彼に誓った」と記している。ここに相手の男根を握って制約をたてる習慣のあったことが知られる。

また男女の生殖器は、宗教の表章としても考察されている(8)。人々は生殖器をかたどって宗教のシンボル・マークを作り、それを通して、神もしくは神の力を表章した。

仏教の卍は一夫多妻を表現したもので、スワチカといって幸運開運の護符と考えられていた。その原型は１人の女性生殖器に４人の男根が奉仕している形として表現されていた。この印象は中世キリスト教教会でも用いられていた。こうした性欲的結合の写実的表章は、中世フランスをはじめ英国・オランダなどでもしばしばキリスト教に用いられていた。

エジプトの女神マウトは、単に「マ」とも言われる。「マ」は母を意味し、マウトは尊い母の意である。この神はリンガムとヨニの性欲的接合の表象だといわれるアンク「☥」を持って生命を表示している。キリスト教会ではこの表章はクルクス・アンサタ把手付十字として知られたもので、全能創造能力、創造者、生命、神を表わすものとされた。また十字架で知られるラテン十字の起因は、男根柱状物へヨニの環が冠さった物の側面状から始まったといわれている。また、テン〈10〉は密教の「印」で、女のない男は〈1〉であり、男のない女は無〈0〉、男女が結合すれば十〈10〉すなわち多数を表わすと考えられている[9]。

密教の至上仏大日如来は金剛界で智拳印を結んでいるが、これも男女生殖器の交合印[10]相であると言われている。

このように性は宗教の根底にあって、聖を表章するものであることが知られる。人々の生活から神が遠ざかり、科学が不思議のベールをはがして行くにつれて、宗教は世俗化の一歩をたどり、性は聖と切りはなされて自由になった。人々は生命に対する不思議の念を忘れて、性を享楽するようになった。性が宗教の監視をはなれた今日、一妻一夫の宗教的理論の上に築かれた人間社会で性はどのような方向をたどるのだろうか。

§2　神をモデルとした人間の結婚とその変遷

「われわれは神々が太初になしたまえるわざを為さねばならぬ[11]」。これは古代インドの格言であるが、それは同時に世界のすべての国の儀礼の底に流れる共通した理論を要約したものとも言える。

人間の婚姻は天地の神の結合を再現するものとして神聖なものであった[12]。古代インドでは結婚式に、「私は天、そして汝は地なり[13]」と夫が言う習わしがあり、そこでは明らかに、花婿と花嫁は天地と同一視されていた。また古代ギリシャでは、結婚式はヘラとひそかに合体したゼウスの例を模倣する。

このように、天と地の間の婚姻は最初の神婚ともいうべきものであって、そこから神々が生まれ、人間が生まれ、万物が創造された。こうした太初の配偶神、天と地のモチーフは、インドネシアからミクロネシアにいたるオセアニア州の全域、ボルネオ、ミネハッサ人の間、北部セレベス、中央セレベスのトラジャ族、アフリカ、アメリカ州、西インド諸島などほとんど全世界のあらゆる神話にあらわれている。中国の天の神と大地の女神の神話、日本のイザナギとイザナミの神話なども同様な世界創造のモチーフに基づいたものである[14]。

かくして、人間の歴史において婚姻の儀礼は、宇宙開闢的な構造をもっていた。それは単に、天地の間の神婚といった模範的モデルを模倣するというだけでなく、神婚のもつ宇宙創造の意味が重要であった。

南アフリカの農耕種族、クマナ族に伝わる「大地はわが母、天はわが父、天は雨をもて大地をゆたかにし、大地は穀物と牧草を生む」というモチーフは、あとに述べる農耕に関する信仰の根底に流れている。人間の婚姻は、こうした大地の発芽を刺激し、豊饒を促進する意味をもっていた。デメーテルは[15]、春の初めに新しい種がまかれた大地にイアシオン[16]とともに横たわる[17]。この性交は、大地の豊饒とテルル（地・土）の創造力を促進することを意味していた。畑で夫婦が象徴的な性交を行うという習慣は、前世紀まで北部および中部ヨーロッパでしばしば行われていた。支那では若い夫婦が春になると戸外に出て「宇宙の再生」と「普遍的発芽」を刺激するために、草の上で結び合う風習があった。事実いかなる人間結合も、そのモデルとその正当性を神婚・諸元素の宇宙的結合に求められていた。「礼記」の第４「月令篇」には、妻たちは春の第１月、燕が初めてとんでくるとき、皇帝と合衾するために出頭しなければならない、と規定している[18]。このように宇宙的実例が王朝と全人民によって遵守されていた。夫婦間の結合は、宇宙論的なリズムに統合される儀礼であり、その統合によってその行為が正当化される。

古代オリエントには、婚姻に関する象徴的な儀礼が存在していた。

シュメール人は、正月元日に諸元素の結合を祝福した。古代オリエントでは、この日、王が女神と結合する儀礼が行われた。イシュタル[19]がタムムッズと共寝をするのは、正月の元日であり、そしてこの日、王はこの神話的神婚を再現する。王は女神との儀礼的結合を再現する。王は女神との儀礼的結合を地上の女神をあらわす寺院奴隷と、女神の新床の置かれている寺院の密室において交わることで再現する。この儀礼的結婚は、地上における受胎を確実なものにすると信じられていた。ニンリル（バビロニア神話の女神）がエンリル（大地を支配する男神）と共に横たわるとき、雨が降り始める。同様の受胎は王の儀礼的結合・地上の夫婦の結合などによって確実にされる。この世界は、神婚を模倣するごとに再生される。そしてそのたびごとに婚姻的結合が伴う。ドイツ語のHochzeit（婚礼）という語は、Hochgezit（正月際）から来たものである。結婚は『年』を更生し、人々に受胎・富・幸福を与えると考えられていた。

エリアーデの主張するところによれば、人間の行為（結婚・性交）の意義とか価値は、その生な肉体的データとかかわるものではなくて、原初の行為を再生し、神話的類例を反復するところの特性とかかわっている。婚姻や性交は、神話的原型を反復するものであって、人間の自律的作用によって起こるものではない。それらは神々、祖先、あるいは英雄によって、その原初の日に清められた行為なるがゆえに繰り返される[20]。

未開社会では、１人の男と１人の女とが、単に一定期間、性的関係をもったというだけでは、結婚にはならなかった。２人の間に子どもができた時、つまり家族になることができた時、初めて２人の間に正式な結婚が行われることになっていた。子どもができて初めて正式に結婚するということは、子どもができる前の期間を『かりの結婚』とする考え方で、この習慣は未開人だけではなく、日本の農村においても、アシイレという形式を残している地方がある。

また未開人の結婚の形式は、一夫一婦婚、一妻多夫婚、一夫多妻婚などがあったが、それらはいずれも経済的なものと関係していたように思われる。一夫多妻の結婚形式は、ほとんどあらゆる種族に見られるものであるが、実際には富と地位をもった少数のものだけが、一夫多妻婚の形式をとっていた[21]。

結婚という形式は、人間社会にのみ存在するものであって、その言葉の概念は社会的なものである。すなわち結婚は、社会が是認した性生活の形式であり、これを統制するものは社会である。したがって結婚にはいろいろな禁止（タブー）が存在していた。タブーは、聖なるものと関連した信仰と行為との連帯的な体系であり、宗教のもつ社会的な側面であるということができる。結婚に関するタブー[22]は、大別して族内婚と族外婚に分けられるが、歴史的には族内婚から族外婚へという方向をたどっている。しかし種族を別にする男女の結婚は、今日でもあまり歓迎されてはいない。

また一定集団内での結婚が良いとされている場合でも、近親結婚は禁止されている。

キリスト教では、20世紀に入るまで、死んだ妻の妹と結婚することが禁止されていたし、洗礼の際、教父となった男性と受洗した女性とは「霊的親類」という意味で結婚が禁止されていた。

結婚の形式についても、さまざまな変遷の跡がみられる。妻にしようとする娘を、他の種族から強奪するという「掠奪婚」から、双方に娘を交換するという「交換結婚」、求婚者が相手の娘の父親のために労働奉仕をすることによって結婚するという「労働奉仕結婚」、花嫁を金で買う「購買婚」へと進んでいった。女性を市場で売買することは、バビロニアにおいては盛んであったが、イギリスにおいて、1700年ごろまで行われていた。

購買結婚は、キリスト教によって排斥され、禁止された。しかし比較的長く続いた購買婚の歴史は、女性を物件視する考え方を一般的に普及させた。

結婚が宗教的なタブーを伴っていたと同様に、離婚もまた宗教的な拘束を受けていた。特に未開時代を過ぎたころから、離婚はもっぱら夫の側からだけの権利となってしまった。旧約聖書の中では、夫からの離婚には触れているが、妻からの離婚には触れていない。古代ギリシャやローマでは、夫は理由なしに自由に妻を離婚することができた。また中国や日本でも、子どもがない、嫉妬深い、不義をする、家風にあわない等の理由で、夫はいつでも離婚することができた。ヨーロッパにおいて離婚を拘束したのはキリスト教であった。「神のあわせたまいしもの、人これを分かつべからず」というイエスの教えは、離婚を困難にした。離婚に関して革命的な変化をもたらしたのは、マルチン・ルターの宗教改革であった。彼は結婚を宗教から切り離して、この世の世俗的な契約であるとした。

かくて結婚は、宗教の監視下を離れ、社会の拘束をも離れて、全くプライベートなものとなりつつある。近年大都市の生活は、人間の関係を完全に機械化しつつある。宗教をはじめとする人情・風習・慣習・世間の目といった、かつては人間の行動を外側から拘束していたものが、都会生活では完全といっていいまでも、日々消えてなくなりつつある。その結果、結婚もまたこれを外側からしばっている拘束力を失ってしまい、単なる２人の個人的世界の出来事になってしまった。

§３　再生儀礼と性

人生儀礼は未開社会や古代社会にあっては、人がその生まれてきた社会にあって、どのような人となり、また、ならねばならないかを教育される重要な儀式である。人はその儀礼を通して、生まれてきたその文化にあずかり得る人となるのである。成人式を通して、人は聖なるものの啓示を受け、同時に性的なものの啓示を受ける[23]。未開人の世界では、聖なるものは、われわれが現在、宗教として理解するあらゆるものの他に、部族の神話的・文化的伝承の全体を意味していた。またすべての前近代社会では、性欲もまた聖にかかわるものであった。人はイニシエーションを通して、自然の様式や幼児の儀式を超えて、文化的様式へと近づく。すなわち人は、イニシエーションにおいて、精神的価値を教えられる。ここでは比較的古い型を保っているオーストラリアの成人式儀礼について、その共通した要素を述べると[24]、第１に「聖所」を設けて、そこに男たちが祭儀の間、隔離されて過ごす。第２に成人式を受ける者たち（これをノヴィスという）を、その母親および全女性から引き離すこと。第３にノヴィスたちを叢林の隔離された場所に押し込め、そこで宗教的伝承を教える。第４に割礼、下部切開などの手術を施行する。

未開の世界にあって、人はこの成人式を通して、儀礼的に再生する。彼らは人間生活のすべての行為が、神の生活に通ずるものであることを、神話を通して体験する。しかも生殖行為は、神がその原初においてなした業であるがために、それは神聖である。人々は成人式において、自分が神の生活に対して開かれている存在であることを自覚する。未開人にとって俗なる日常生活のすべては、儀式を通して常に聖なるものへと転化し、再生されていた。成人式において聖の啓示を受けた未開人にとって、一見奔放と思われるその性生活も、現代人の考えるような猥せつなものではなかった。彼らにとってすべての性行為は神聖な儀式であった。そこでは性が常にそのまま聖に転化していた。

§4　豊饒と生殖

女性は天や地の生成といった宇宙的な出来事と連続しているから、豊饒・多産にとってその主役をなすものである。M. エリアーデは、未開社会やヨーロッパ農村社会の農耕に対する伝承や儀礼をふまえて、このことを明らかにしている[25]。

世界で最も広く分布している原始的な思考は、大地を女性の胎に、農耕労働を生殖の１つと見なすことであった。したがって鋤は男根で、畠は女陰であるという。地母神と人間の母性との同一視的連想が常に存在していた。そこでは、女性は聖なる力、創造的生産の中心的象徴であった。女性の生産力と畠の生産力・植物の成熟・受精・種子化・発芽など一連の植物生成の現象は、女性の成熟・結婚・受精・受胎・産児といった現象と連帯観念をもって結合されていた。冬は宇宙の死であるが、それは最終的な死ではなく、やがて再生するための一時的な休息であると見なされた。だから人間にとって死は穀物化・種子化であると考えられ、それは大地の母のふところにおいて解体し、やがて新しい生命を得て再生するものと考えられていた。農耕社会に例外なく見られる死者崇拝・祖先崇拝は、こうした原始的信仰の発達したものと考えられている。

年ごとに死ぬ穀物の霊と、これを保存し、胎内におさめて、春の到来と共に新しい生命を賦与して復活させる母神とのコンビネーションや、その穀霊に新しい元気な生命を与えようとする女性による結婚・性交などの模擬呪術の行われることも、農耕社会に広く見られる現象である。

カナーン人にとって、愛と豊饒の女神であるアシタルテーの神像は、裸形で特に乳房とプデンダム（pudendum）[26]が強調されている。しかもこの神をまつる肥沃祭には、神殿聖娼による聖なる売淫が行われた。アシタルテーの原型といわれるバビロニア・アッシリアの女神イシュタルも、大地の豊饒を支配し、同時に性欲の女神としての役割を持っていた。若い男神タムムッズを夫とし、その死を悲しんで冥府へ行き、多くの苦難ののち、これを復活させて地上に帰ったという神話は、エジプトのオシリス神話と共に、同系の農耕神話の祖型となったといわれている。

バビロンの女性は、一生に一度、結婚前に必ず女神シリタの神廟に参り、だれかしら男に身を任せなければならなかった。この儀式は貴賤を問わず、国内のすべての女性が負わねばならない義務であった。男は神殿の中にいる女性とはだれとでも交わることができた。「私はシリタ女神に祈願する‼」という言葉と共に、なにがしかの金を膝の上に投げかけられた女性は、相手がどのような男であっても、神の配慮によるものとして、彼を拒むことを許されなかった。また投げられた金はすべて聖なるものとして、多少を論ずることはできなかった。一度神殿に入った女性は聖い負担を果たすまでは、廟外に出ることは許されなかった。したがって醜い女性は、２年も３年もこの神域で過ごしたと伝えられている。この神域での儀礼的性交は、後世売春の起源となった。

またイシュタルとタムムッズの神婚は、正月元日にあたって行われたといわれ、シュメールの王はこの日、この神話的神婚、すなわち大女神との儀礼的結婚を、女神の新床のおかれている寺院の密室で、この女神にみたてられた寺院奴隷である神殿聖娼との間に行い、この神的結合によって、地上における動植物の受胎と成長を確実にしようとした。

同様のモチーフは、西アフリカのエウェ・ニグロ人の間にあった。大麦の発芽する時期に、悪霊や災難をはらうお祭りが行われ、多数の少女たちが、錦蛇に化身するというピトン神の花嫁として捧げられ、彼女らは寺院で神の代弁者たる祭司によって床入りの式が行われ、娘たちはここで聖別されて、神殿の境内で聖なる売淫を営んだ。これも土地・動物の豊饒多産を刺激し、確実にするためのものだと説かれている。

田畑の豊饒のための模擬的な結婚式や性交が、選ばれた男女や若夫婦によって、直接田や畑の上で行われたという伝承は、世界各地にみられる儀礼で、後にはにぎやかな村人の爆笑のうちに行われる年中行事の一齣へと変化していった[27]。

§5　性器崇拝

人間は太初から大自然の力に対して畏敬の念をもっていた。未開宗教から古代宗教・民俗宗教にいたるすべての宗教の底には、この自然に対する人間の畏敬の念が横たわっている。しかもこの自然力の中で、人間が最も畏敬したものは生殖の力であった。妊娠や生産としての礼拝の対象となった。宇宙万物の起源の秘密は、生殖の不可思議の中にあった。

男性の能動的生殖能力と、女性の受動的な情に感応しやすい能力との2つの作用は、創造力のあるものとして組み合わされた。古代においては、いずれの宗教も、天と地、日と月、昼と夜などは、生物の生産に関して共働すべきものであると信じられていた。古代エジプト、メソポタミア、インド、ローマ、ギリシャなどにおける多神崇拝は、このような観念を基礎として起こったもので、時代が下るにつれて男性・女性の諸神が人格的に描かれ、礼拝されるようになった。

原始崇拝では、神は自然の力であったが、また魔神、精霊、あるいは動物もしくは人間に似た生物のように考えられた。神は自然の現象そのものではなくて、その現象を統治し、あるいはこれを発生させる力であった。したがってインドのルードラは、雷ではなくて雷の神であって、雷を作る神であった。ローマのヴィーナスは、美しい女性の姿で表わされるが、女性そのものは神ではない。同様にして、男女の生殖器が、宗教的礼拝の対象となる場合、これらの器官そのものが神であったのではなく、またそのもの自体が礼拝されたものでもない。ただその器官を通じて表わされた神または神の力のシンボルとされた。しかし、このシンボルが表わしている神の特性によって、反射的にこれらのシンボルそのものも神聖視され、礼拝されるようになったと考えられる。

〈女子生殖器崇拝〉

特に生殖の女神を中心とする古代オリエントやインドの信仰は、後期旧石器時代のユーラシア大陸で崇拝されていたヴィーナス像（性的特徴を誇張した裸婦像）と相つながっているように思われる。この種の裸婦像は、後期旧石器時代の南フランス、北イタリア、低地オーストリア、チェコスロバキア、ベルギー、南ロシア、シベリアのイルクーツク付近のマリタの遺跡にかけて見出されるばかりか、新石器時代にも、ティグリス河中流域のジャルモ、ハッスナや、原始農村への過渡的形態を示すカリム、シャヒル、オリエント、地中海、ドナウ流域などの遺跡から裸婦像が出土している。しかもこの種の生殖力を象徴した塑像は、その後オリエント、インドの古代都市文明の成立前後から歴史時代にかけて、さらには青銅器時代のメソポタミア、小アジア、インド、ヨーロッパの各地で、性を強調した豊饒神的な母神像が発見されている。そして、これはその地の先史時代の遺跡では、女性の像は男性の像よりも時間的に古いものであり、数も多い[28]。

これらの大地母神は、ほとんど性器を具備しており、時にはその部分のみを強調している場合も少なくない。もともと繁殖の機能をもつその部分は、神秘な存在であり、畏敬されるべきものであった。したがって、特にその部分のみが全身から切り離されて、単独に祭礼せられ、種の存続についての祈願の対象とされることも多かった。この場合、女性生殖器の持つはつらつとした生理機能が、死の汚れを浄化したり、災難・怨敵などを除くのに大きな力があると信じられていた。したがって除災招福の絶対的な力として、女性性器を礼拝する風が各地にある。外面的女子生殖器である陰門は、インドでヨニと呼ばれ、今日も広く一般から礼拝されている。このヨニは、サンスクリット（梵語）で陰門・子宮・原始などの意味を持った語で、自然界の女性的能力を意味している。

男が妻のヨニを神聖視し、絶対的な価値をそこに求めたことは、陰阜の形をシンボライズした逆三角形（▽）が申請・純潔・誠実であることを意味する最も神聖なマークであると考えられるようになった。また活力に富み、十分発育して、形の整った女性の乳房や、陰毛もまた、女性の能力、生殖力を表わす神聖なシンボルと考えられている。

ヨニの表章として貝殻が用いられることも普通行われている。特に子安貝は珍重され、貨幣として用いられていた。性愛の化身ヴィーナスもまた、貝殻の上にのった姿で表わされる。またインドの女神マヤ・デバの女陰はひし形をもって表わされ、しかもこれは生命の門として教会を表示するマークとされ、近世盛んに使用されている。また両尖楕円形は、ヨニを表章するものとして最もよく知られている。古代宗教では貞淑で高雅な婦人を表わすものとして用いられた。

キリストは「我は門なり」と言い、あるいは「我は復活すべし」と言った。ベルチオが描いた『復活』はキリストを「永世の生命の門」として表わしたが、この「生命の門」は東インドのヨニをさしていた。マドンナも生命の門として表わされているし、英国のリチフィールド本山の印章のように僧院や本山等のマーク、神社の護符なども多く、この両尖楕円の形に作られている。

中世キリスト教会には、写実的なヨニが正面玄関入り口のアーチの要石に彫刻されていた。またある時代には、雌ラクダと牝馬が死んだ時はそのヨニを切りとり魔除として、家の出入り口に釘付にして、これを「開運」と呼んだ。

日本においても、ヨニの除災力は信じられている。昭和29年11月19日の夜、愛知県知多郡横須賀町の役場が焼失したとき、同28日発行の『知多新聞』に、「先日の横須賀町役場大火の際に、近隣のＳ氏・Ｍ料理店・Ｂ医院などでは、ずらりと腰巻が掲げられ、折からの火勢にへんぽんとひるがえる奇観を呈した。果たせるかな各家とも板塀一枚焼けず、完全に類焼を免れた……」というのである。山形県地方でも火災の時には、今も腰巻を旗として屋根に立てる風があるところをみると、ヨニの霊力は、今日もなお伝承されているように思われる。受胎悲願のため庚申の日に部落女性が道祖神（男根）の前に並び、ヨニを露出して加持僧の祈禱を受ける習俗が新潟地方にあった。ヨーロッパでは馬蹄を門につるす習慣があり、これが幸福をもたらすものだとされているが、日本でも福島県の須賀川地方では、やはり馬蹄を飯杓子と共に門に掲げている家を見かける。ここでいう馬蹄と杓子は共にヨニの表章と考えられている。インドでは裸の女性が台風を防止する力があると信じられていたし、雨乞いに全裸の女性が、夜畠に出てそこに横たわり、祈るという風習が、ヨーロッパにも、日本の秋田県地方にもあった。沖縄では出漁している夫や兄を、風雨の危険から守るために、草を集めて女体像を浜辺に作り、琉球芋をヨニに擬してその位置にはさみ、それに天候の回復を祈ると言われている。

またローマでは、害虫駆除にもヨニの神秘力が使用せられた。月経中の女性が下半身裸になって畠の間を行くと、すべての害虫がたちまち地に落ちたと言われている。

奈良東大寺三月堂の大黒天像は、ヨニの形を象徴する印を結んでいる。

中国ことに福州地方の墳墓が、ヨニの形に作られているのは、ヨニの呪力を利用して、死者の安寧を祈り、再生を願ったものと思われる。インドではシヴァおよびシャクティ・カーリーを表章するリンガムとヨニに対する礼拝が盛んで、数百万の信者をもっている。彼らの女性礼拝の主要儀式は、美しくて若い裸体の舞子娘、すなわちミコをヨニ女神カーリーと見たて、この少女のヨニへ僧侶が礼拝する。この時少女は聖壇で両脚を左右に拡げて、その宗教的対象となるヨニを公衆の前に誇示する。僧はこのヨニに最も敬けんな態度で接吻し、またアルガーと呼ぶヨニの形をした容器に酒などの供物を入れて供える。これらの供物は、各々ヨニに触れさせることによって清浄なものとなる。礼拝者一同は「おはらい」をすませた供物を祈禱符として分与される。

ヨニに触れた供物を食べることも、メキシコでヨニをかたどった菓子を食べる儀式も、キリスト教の聖餐式と同様な意味をもって行われる浄化の食事である。

小アジアでは、客は主婦のヨニに接吻し、また自分のリンガムを主婦のヨニに接触させることが、歓待に対して満足の意を示す方法だとされている。

シリアにネセイルと呼ばれる宗教があるが、これはキリスト教と民間信仰の混交した形をもっており、キリストの他に旧約聖書の預言者や、新約聖書の聖徒、マリアなどを信仰対象としている。彼らの祭典の中で最も厳粛なものとされているものに「子宮祭」がある。祭日の日には、教会に属する信徒が全員礼拝所に集合し、婦人は全裸になって前面に出る。男子は各々の婦人の前に跪いて、婦人の肢を抱えて、彼女の下腹と陰部へ接吻する。もちろんこの儀式は、既婚・未婚の別なく行われる。このような女陰接吻の礼拝形態は、メキシコ、オーストラリアをはじめ、太平洋諸島、アジアの各地で見られる(29)。

〈男根崇拝〉

男の生殖器は、権威または勢力、もしくは父の力、あるいは家庭創造者の表章として尊敬され、やがては創造者そのものに対する表章として礼拝されるようになった。前述の原始母神に対する信仰は、おそらく女性の地位が中心的であった社会からの所産で、複雑な古代オリエント文明の形成される以前の植物の採取、ひいてはその栽培に人間の生活が依存していた社会の中で確立された信仰形態だと思われる。これに対して、インドゲルマン族や一部のセム族の侵入は、インドからオリエント、ヨーロッパにわたる一帯の地域に、多産生殖を基調とする大母神崇拝とは、本質的に性格の異なる信仰をもたらしたものと考えられる。すなわち、古来の母系的＝母権的な女性原理を基調とした社会構造を父系的＝父権的なそれへと変化してゆく過程の中から男性神の出現を見た。

インドのヒンズー種族間では、男根をリンガムといい、今日もなお多くの人々に、創造者が人類の目に見えるように化身再現した像が、男根であると信じられている。

生殖器崇拝の思想を指すのに、ファリシズム（phallicism、phallism）の語源はファラス（phallus）で、男根像を意味している。ギリシャのプリュタルクの「男根器官崇拝縁起」によれば、ファラスの起源は、エジプトのオシリス再生神話にあるとしている。しかしリンガム崇拝は、すでに新石器時代にあったらしく、巨石文化、メンヒールがファラスの一種であるとも言われている。バビロンの首都ニネベの神祠には、巨大なファラスが祭られていた。B.C.5世紀にはこの信仰は盛んで、エジプトの女性は護身符のように魔除けとして常にファラスを身につけ礼拝していたと言われている。同様の信仰は、ギリシャ、ローマの既婚婦人の間でもみられる。またある地方では妊娠した婦人が男根像を身につけていると、男根を日夜見ることによって男児を産むと信じられ、安産するとも言われている。

ギリシャではB.C.10世紀ごろ、エジプトからファラスが伝えられ、土着の神パンやディオニソスと習合して盛んになり、貴婦人の装身具になるほどに普及した。特にアテネでは、町中いたるところにファラス像が奉斎されて、深い信仰を集めていた。また、ぶどうの収穫期に行われるディオニソス祭には、巫女が陽根木（蔓のまつわった松かさ）の杖を手にして、狂ったように踊る祭事があった。

ローマではギリシャのディオニソスと土着生殖神リベールの習合した信仰が盛んで、毎年３月、リベラリア祭が催された。その日には麦粉と蜂蜜で作った男根の形をした菓子が祭壇に供えられたり、五色の花で飾った巨大なファラスの山車の大行進が、イタリアの主要な都市で行われた。オーストラリアのある地方では、祭典の日には、男根形の菓子を作って、妊娠を祈願する意味で婦人がこれを食べることが流行した。

時とともに男根崇拝の観念も拡大して、豊饒・繁殖の司神として、また災厄を防ぐ絶大な力として信仰されるようになった。

インドではリンガムの写実的な像を祭った堂がいたるところにあり、子どものできない婦人は、自身の女陰をこの男根に接触することによって、妊娠を祈願することが行われている。これに類似した信仰は、中国・日本をはじめとするアジアの諸国に多くみられる。

ヒンズーでは処女のままで死亡した者は、天国に入ることも、極楽に成仏することもできないと教えている。したがって処女のままで寡婦となった婦人は、男根の祭られている堂に詣でて神聖な石の男根で処女膜を破るのが慣例であった。

こうしたインドのファリシズムは、古くB.C.2500年ごろのインダス文明までさかのぼることができる。すなわち1922年の発掘によって、リンガムと認められる石像が、モヘンジョ・ダロから出土している。時代が下って、アーリアン民族の侵入後はヴェーダの神々の中で、生殖を司る神、シヴァ神信仰が、土着ファリシズムと結合して、国内のいたるところに、シヴァ神の象徴であるリンガムの影像を祭っている。

特に８世紀以後は、ヒンドゥ教の展開により、ヒンドゥ教の重要な神、ブラフマー、ヴィシュヌ、シヴァの３神の内、破壊の神であると同時に生殖の神として信仰されたシヴァ神が多くの信者を獲得して、シヴァ派と呼ばれる特殊な宗教形態を発展させた。しかし、一方においては、宗教的儀礼に伴う性的快楽の輪廻からの解脱を求めようとする人々も多かった。そしてこの思想は、タントラと呼ばれる特殊な宗教形態を発展させ、仏教と結合して、チベット・中国・日本にも伝えられて大きな影響を及ぼしている。それらは密教として発展し、高められて、仏教の中でも特別な地位を占めた。しかし、中には立川流のように性的結合を強調する一派も存在している。また民間では歓喜天・聖天様などの名で知られている両性抱擁姿勢を祭る信仰がかなり広く行われているが、この神はやはりインドのシヴァ信仰に由来する像頭神、ガネーシャが日本に伝えられたものである。

日本のファリシズムはやはり古く、縄文式時代の古墳・遺跡から、石神・石棒などの名で祭られている男根が各地で発掘されている。また大きな男根をつけた埴輪も少なくない。日本でも中国に見られるような男根が、死者の安静を図るために墓におかれるという習慣が見られる。また古い形の墓石には男根形のものが多いのは、そうした信仰を連想させる。

日本の各地に見られる道祖神も、ファリシズムから発していると考えられている。

愛知県小牧市味岡の田県神社は、毎年３月15日に、御神体の巨大な男根をかついだ大行進を伴った祭りをもっており、豊饒を祈願する古い信仰を今に伝えている。

また、地蔵菩薩も古くから生殖神と習合された仏であった。子授地蔵とか子安地蔵と呼ばれている地蔵は、そうした信仰をもって礼拝されているものである。したがってその像も男根の形をしたものが多い。東京・上野公園の不忍池弁天堂の近くにある「髭地蔵」、愛知県岡崎市八丁町の「延命地蔵」、同市滝町の「おこり落し地蔵」など、男根の形をもって地蔵と呼ばれているものが少なくない。

ファリシズムは人間の生命力に対する神秘な感情から生まれたものであり、性に対する畏敬の念の具体化と考えることができる[30]。

§6　仏教・キリスト教に見られる性の倫理

人間は、その原初において、「性」に対して一種の畏敬（awe）の気持をもっていた。したがって、そこでの生殖行為は、儀式として発展していた。

未開社会または古代社会においては、宗教的信条が性的行為の規範を神聖化し、それに究極的な意味での正当性を与えていた。また宗教的儀式としての生殖行為は、これらの規範を維持していく上に必要な、畏敬や崇敬を生み出す機能をもっていた。

しかし、社会が分化し発展するにつれて、宗教が人々の生活の中から分離し、宗教的機能だけを果たす組織が独立してくると、性はその聖性を失って、不浄なものへと発展していった。仏教やキリスト教は、そうした分化した社会に新しく発生した宗教であったがために、出家者と世俗の人々との間に、それぞれ異なった性の倫理を規定する必要があった。

原始仏教では、出家修行者は異性との交渉をすべて断つように規定されている。異性と関係しない事が聖性を保つ第一条件であった。このことはジャイナ教はもちろん、バラモン教の僧侶たちも同様で、きびしい禁欲生活に耐えることが、神に近づく絶対の条件であった。

キリスト教においても「男子は婦人にふれないがよい」（コリント叢書7・1）といって、独身でいることを理想としている。

しかし世俗の人々に対しては、恋愛の純粋性を説き、結婚生活以外の男女関係を強く否定している。原始経典は、「愛する者の愛する人は誰であろうとも、たとえチャンダーラ女（賤民の女）であろうとも、すべての人は平等である。愛に差別なし[31]」と述べ、また別の経典は「己が妻に満足せず、遊女に交わり、他人の妻に交わる——これは破滅への門である」と述べている。

またキリスト教でも、人々が情欲のために不品行にならないために結婚をすすめ、夫婦以外の性関係を強く戒めている。

「不品行に陥ることのないために、男子はそれぞれ自分の妻を持ち、婦人もそれぞれ自分の夫を持つがよい」（コリント前書７・2)、「妻は自分のからだを自由にすることはできない。それができるのは夫である。夫も同様に自分のからだを自由にすることはできない。それができるのは妻である」（コリント叢書７・4）として、堕落・暴走する性を統制しようとしている。しかもキリスト教では、夫婦は神の合わせたものであるから、離れてはならない、として離婚を禁じ（マタイ伝19・6）（コリント前書７・10)、一夫一婦制を強調している。

また夫婦間の倫理について、原始仏教は、細かい規定をしている[32]。夫婦は親しく睦まじいものでなければならないことを述べ、「妻は最上の友である」（ジャータカ・4）としている。夫は妻に対して、①神々に対すると同じ尊敬の念をもって談話し、②妻を罵ったり、軽蔑することなく、儀礼をもって話し、③外に出て他の婦人と歩き廻ったり、妻以外の女に心を奪われることなく、④家庭内のことは妻に権威を与えて任せ、⑤自分の財力に応じた装飾品を妻に提供してやるべきであると説いている。また妻は、①家庭内の仕事をよく処理し、整頓することによって夫を助け、②主人と自分の親族間を良く保ち、夫の父母を尊敬し、③夫以外の男に心を奪われることなく、④夫の集めた財をよく守り、⑤調理や衣服のことに長じ、勤勉で、⑥夫によく仕え、⑦嫉まず、怨まず、よく怒りをおさえるべきことを教えている。キリスト教でも夫婦の倫理を聖書の各所で説いている。

ペテロ前書（3・1〜10）では「妻たる者よ、夫に仕えよ」、「あなたがたは、髪を編み、金の飾りをつけ、服装をととのえるような外面の飾りではなく、かくれた内なる人、柔和で、しとやかな霊という朽ちることのない飾りを身につけるべきである」、「夫たる者よ、……汝は自分より弱い器であることを認めて、知識に従って妻と共に住み、いのちの恵みを共どもに受け継ぐ者として、尊びなさい」、「最後に言う。あなたがたは皆、心をひとつにし、同情し合い、兄弟愛をもち、あわれみ深くあり、謙虚でありなさい。悪をもって悪に報いず、悪口をもって悪口に報いず、かえって、祝福をもって報いなさい」と述べて、幸福な夫婦生活を送るためには、「舌を制して悪を言わず、くちびるを閉じて偽りを語らず、悪を避けて善を行い、平和を求めてこれを追え」と記して、口を慎み、身を慎むことを教えている。

人間の性欲は無限で、奔放であるがゆえに、人間の堕落を防ぐために、この２つの偉大な宗教は夫婦生活を強調した。しかもこの社会的秩序は夫婦生活を強調した。しかもこの社会的秩序を確立するために、イエスは「姦淫するなかれ」という古い律法を推し進めて、「されど我れ汝らに告ぐ。すべて色情を懐きて女を見るものは、既に心のうちに姦淫したるなり」（マタイ伝27）とまでいい、「だれでも、自分の妻を出して他の女をめとる者は、その妻に対して姦淫を行うのである。また妻が、その夫と別れて他の男にとつぐならば、姦淫を行うのである」（マルコ伝10・11）として、性生活は夫婦生活の中でのみ認められることを教えている。仏教においても「不邪婬戒」は常に強調された戒律である。愛欲を絶ち、涅槃に入るのが仏教の救いであった。ゴーダマはそのために、彼の若い妻とその子を捨てた。彼にとって性的な誘惑が最大の敵であった。キリストもまた「真に我れ汝に告げん、我が為にまた福音の為に、汝、家を捨て、兄弟も父も又愛する妻や子供も捨て、この世のすべての財宝を捨てる者があれば、彼は永生の天国において、これらを百倍として報いられるべし」と説いている。このように、２つの偉大な宗教の教えも、それが人々の生活に実践されるには長い年月がかかった。そうして、ようやく愛と友情に結ばれた一夫一婦の生活こそ、理想の生活であるという考えが広く滲透してきた。しかし、経済の発展と科学の進歩は、人間生活の中から神秘の観念をぬぐい去り、宗教の統制力を著しく弱めた。

もはや宗教は人々の生活を規制する力を失った。かくて性は再び宗教の監視下を離れて、自由になった。離婚はふえ、自由な性行為が氾濫しはじめた。性は人間の自由な意思に任されることとなった。

すべての動物は自然の力によって性を統制されている。春と秋、1～2週間許された期間だけ、生殖行為を行う。サルにマスターベーションを教えると、そのサルは自らの享楽に負けてこれにふけり、やがて死ぬといわれている。宗教の統制下を離れた人間は、自らの知恵によって「性」を統制し、破滅への道を避けなければならない。

［第８章・注］

(1) ロジェ・カイヨウ（小苅米晛訳）『人間と聖なるもの』1969年、せりか書房

(2) エヴァンス・プリチャード（吉田禎吾訳）「未開人の宗教」『人類学入門』1970年、弘文堂、40〜53頁

(3) 堀一郎『民間信仰の諸問題』1971年、未来社

(4) エリアーデ（堀一郎訳）『大地・農耕・女性』1968年、未来社、192〜194頁

(5) エリアーデ、前掲書、230頁

(6) 石田英一郎『文化人類学序説』

(7) 太田三郎『性崇拝』1956年、黎明書房、84〜85頁

(8) O.A. ウォール（滝本二郎訳）『宗教と性』1925年、国際出版、260頁

(9) O.A. ウォール、前掲書、260〜273頁

(10) 右手の人さし指を伸ばし、左手でこれを包む印。

(11) Satapatha Brahmana、Ⅶ、2、1、4

(12) エリアーデ（堀一郎訳）『永遠回帰の神話』1963年、未来社、35頁

(13) Brhadaranyaka Upanisad、Ⅳ、4、20

(14) 石田英一郎『桃太郎の母』1965年、筑摩書房

(15) ギリシャ神話の中の男神。

(16) ギリシャ神話の神ゼウスとエレクトラの子。デメーテルの恋人。

(17) Odyssey、Ⅴ、125

(18)「礼記四、月例第六ノ一」に次のようにある。「是日也、玄鳥至、至之日、以大牢祠於高楳、天子親住、后妃師九嬪御、乃礼天子所御、帯以弓韣、授以弓矢、於高売禖之前」。

(19) バビロニア、アッシリアの大女神で、豊饒の神、慈悲ぶかい母神の面と、強烈な性の神の面とをもつ。若き男神タムムッズを夫とし、その死を悲しんで冥府に行き、多くの苦難ののちこれを復活させて伴い帰ったという神話は同系神話の祖となった。

(20) エリアーデ『永遠回帰の神話』13〜14頁

(21) 堀秀彦「結婚の歴史」（加茂儀一編『人間の歴史』）1955年、中山書房、85〜112頁

(22) フランツ・シュタイナー（井上兼行訳）『タブー』1970年、せりか叢書7、20頁

(23) エリアーデ（堀一郎訳）『生と再生』1971年、東大出版会、19頁
(24) エリアーデ、前掲書、20～32頁
(25) エリアーデ『大地・農耕・女性』
(26) 旧約聖書に出てくる異教的女神の代表的呼称。もとフェニキア・カナンの豊饒女神で、バビロニアのイシュタル、南アラビアのイトタル、シリアのアタルと同系神。その神殿には聖娼がおかれていた。
(27) 堀一郎、前掲書、277～285頁
(28) 石田英一郎、前掲書
(29) O. A. ウォール・前掲書、太田三郎・前掲書、石田英一郎・前掲書
(30) 前注にあげた『性崇拝』『桃太郎の母』『宗教と性』の他、『性神探訪』参照。
(31) sn. 106～108
(32) 中村元『原始仏教』1970年、ＮＨＫブックス、171～174頁
岩本裕一『仏教入門』1970年、中公新書、「仏教とセックス」の項参照。

《参考文献》

(1) 堀一郎「女性と民間信仰」『民間信仰の諸問題』1971年、未来社、259～296頁
(2) エリアーデ（堀一郎訳）『永遠回帰の神話』1963年、未来社
(3) エリアーデ（堀一郎訳）『生と再生』1971年、東大出版会
(4) エリアーデ（堀一郎訳）『大地・農耕・女性』1968年、未来社
(5) 岩田慶二『カミの誕生』1969年、淡交社
(6) W. H. オットー（辻村誠三訳）『神話と宗教』1965年、筑摩叢書
(7) 古野清人『原始宗教』1964年、角川新書
(8) 辻直四郎『インド文明の曙』1967年、岩波新書
(9) 石田英一郎『桃太郎の母』1965年、筑摩書房
(10) ロジェ・カイヨワ（小苅米晛訳）『人間と聖なるもの』1969年、せりか書房
(11) エヴァンス・プリチャード他（吉田禎吾訳）『人類学入門』1970年、弘文堂
(12) 太田三郎『性崇拝』1961年、黎明書房
(13) 原浩三『性神探訪』1970年、八重岳書房
(14) フランツ・シュタイナー（井上兼行訳）『タブー』1970年、せりか叢書7
(15) 中村元『原始仏教』1970年、NHKブックス
(16) 岩本裕一『仏教入門』1970年、中公新書
(17) 加茂儀一編『人間の歴史』1955年、中山書店
『日本民俗学大系』8、1959年、平凡社

高瀬　武三（たかせ　たけみ）

1934年　愛知県小牧市生まれ
駒沢大学大学院人文科学研究科修士課程修了
東北大学大学院実践哲学科博士課程修了
駒沢大学文学部宗教学講師
愛知学院大学宗教学部講師
曹洞宗大本山總持寺講師兼出版部長
（財）仏教伝道協会初代事務局長「仏教聖典」編集員
曹洞宗大叢山福厳寺住職在任45年
学校法人福厳寺学園太陽幼稚園創立
理事長兼園長在任43年
現在は単立 宗教法人観音寺創立、代表役員兼住職として大衆向け禅体験専門道場を開設、坐禅瞑想、沐浴、断食修行を実践
専門：宗教社会学、仏教学、禅学、人間学としての幼児教育

宗教社会学概論 ―宗教研究の方法と視点―

2018年11月21日　第1刷発行

著　者　高瀬武三
発行人　大杉　剛
発行所　株式会社 風詠社
〒553-0001　大阪市福島区海老江 5-2-2
大拓ビル 5 - 7 階
Tel 06（6136）8657　http://fueisha.com/
発売元　株式会社 星雲社
〒112-0005 東京都文京区水道 1-3-30
Tel 03（3868）3275
装幀　2DAY
印刷・製本　シナノ印刷株式会社

ISBN978-4-434-25392-8 C3014

乱丁・落丁本は風詠社宛にお送りください。お取り替えいたします。